Versuch einer Deutung von Johann Sebastian Bachs Werk
Die Kunst der Fuge

QUELLEN UND STUDIEN ZUR MUSIKGESCHICHTE VON DER ANTIKE BIS IN DIE GEGENWART

herausgegeben von Michael von Albrecht

Band 39

PETER LANG
Frankfurt am Main · Berlin · Bern · Bruxelles · New York · Oxford · Wien

Wolfgang Eckle

Versuch einer Deutung von Johann Sebastian Bachs Werk
Die Kunst der Fuge

Die Fugenthemen
als verfremdete Melodien
von Chorälen

PETER LANG
Europäischer Verlag der Wissenschaften

Bibliografische Information Der Deutschen Bibliothek
Die Deutsche Bibliothek verzeichnet diese Publikation in der
Deutschen Nationalbibliografie; detaillierte bibliografische
Daten sind im Internet über <http://dnb.ddb.de> abrufbar.

Gedruckt auf alterungsbeständigem,
säurefreiem Papier.

ISSN 0175-6257
ISBN 3-631-38753-9
© Peter Lang GmbH
Europäischer Verlag der Wissenschaften
Frankfurt am Main 2004
Alle Rechte vorbehalten.

Das Werk einschließlich aller seiner Teile ist urheberrechtlich
geschützt. Jede Verwertung außerhalb der engen Grenzen des
Urheberrechtsgesetzes ist ohne Zustimmung des Verlages
unzulässig und strafbar. Das gilt insbesondere für
Vervielfältigungen, Übersetzungen, Mikroverfilmungen und die
Einspeicherung und Verarbeitung in elektronischen Systemen.

Printed in Germany 1 2 4 5 6 7

www.peterlang.de

Den musikliebenden Bachfreunden,
Herrn Professor Dr. Joachim Walter, Freiburg i.B.,
und seiner Frau Renate Walter geb. Weigel,
zugeeignet
zur Erinnerung an gemeinsames Musizieren

In Dankbarkeit

Wolfgang Eckle   Im Dezember 2004

Inhalt

Vorbemerkung	XI
Einige Abkürzungen	XIV
Einführung in eine Untersuchung an J. S .Bachs letztem großem Cembalowerk „Die Kunst der Fuge" (Erstdruck Leipzig 1752)	1
I. Quellentexte aus der Zeit der Publikation	3
II. Manuskripte und Erstdruck	9
III. Musikforschung nach der Entdeckung des MS P200 im Jahre 1844	13
IV. Schwerpunkte der Forschung zwischen 1850 und 1932: Gustav Nottebohm und Wolfgang Gräser	21
V. Die „Kunst der Fuge" nach dem Zweiten Weltkrieg "	29
VI. Erwägungen über Bachs Absichten im letzten Fugenwerk	33
VII. Johannes Mattheson as a Stimulus to Bach's late fugal writing? Ein Aufsatz von *Gregory G. Butler* (1983) und ein Buch von *Pieter Dirksen* (Wilhelmshaven 1994) „Studien zur Kunst der Fuge von Joh. Seb. Bach" - Zwei Schriften über das Verhältnis Bachs zu Johannes Mattheson und seinem Werk : „Der vollkommene Capellmeister"	39
Schlussbetrachtung zu den Ergebnissen der Untersuchung	49
Nachträge: Abgrenzungen - Ergänzungen - Reflexionen	53
Verzeichnisse:	
Benützte Literatur	65
Notentexte	66
Register	69

Verzeichnis der Notenbeispiele

Zur Vorbemerkung: (ab S. XI):	
Kolneders Sammlung von „Incipits" der Fugen im Erstdruck.	XII
1. Gruppe: zum „Rätselkanon" (BWV 1076) auf Portrait 1747;	XIII
Abb. zur Vorbemerkung: Zettel in Bachs rechter Hand.	XIII
Notenbeispiele:	
Nr. 1 Druck des Kanons von Bach mit Erklärung von Fr. Smend.	2
Nr. 2 Auflösung des Rätsels (in heute üblicher Notenschrift).	6
Nr. 10 (unten) Abb. des Bachporträts von Elias Haußmann.	48
2. Gruppe: Der Übergang von Fuge (Nr.XXIII) zu Choral (XXIV)	7
ist eine Kontrapunktaufgabe, die Bach seiner Nachwelt hinterließ:	
Notenbeispiel Nr.3: von Kadenz zu Kadenz; von g-Moll nach G-Dur;	
die Takte 189-193 und 239 (bis 242), die sich nach dem Vorbild der	12
g-Moll-Kadenz ergänzen lassen. - Nr. 4: Bach korrigierte sein Konzept:	
Beobachtungen von Pieter Dirksen neben einer Abbildung von	
Bachs Autograph. - Nr. 5: Die Kadenz in G-Dur als Überleitung von	18
der sog. „Fuga a 3 Soggetti" zum Schluss-Choral in G-Dur.	
3. Gruppe: Ein (anderer) Choral im Versteck: Cp. 6: „Wie schön	25
leuchtet...." Seltsamerweise ist Bachs Versteckspiel noch kaum	
entdeckt oder erörtert worden. - Nr.7: Bachs Autograph eines	28
seltsamen Fugenabschlusses. - Nr.8: Seite aus einem Buch von	37
Johannes Mattheson (Leipzig 1739). Der Buchautor macht seltsame	
Vorschläge für die Behandlung von Choralmelodien. - Nr.9: Herleitung	38
des Haupt- (oder auch Doppel-) Themas von mehr als zwölf Stücken	
der Fugensammlung von Bach; Fuge Nr. XXIII beginnt mit	
einer verkürzten Form des Themas. (Nr. 10; s. oben bei Gruppe 1).	48
Nr. 11: Das ergänzte Fugen-Ende als Schlussstein im Gewölbe von	49
Bachs Fugensammlung. - Nr. 12: Zur Vorgeschichte der Nr. XXIV	56
„Choral" (BWV 641 im „Orgelbüchlein" vgl. unten S. 62).	
4. Gruppe: Die Notenbeispiele 13 bis 16 (S. 57-61) dienen dem	57
Vergleich von Bachs Kyrie-Eleison Fugen in seiner „Hohen Messe in	
h-Moll" mit Stimmen über das dritte Thema der Fuge XXIII, die mit	
dem Rufe „Herr erbarme dich" sinnvoll zu dem Text des abschließenden Chorals (Nr. XXIV) überleitet.	

Vorwort

Bachs „Kunst der Fuge" gilt als ein prächtiges Cembalowerk, das jedoch schwer zu verstehen ist. Die größte der Schwierigkeiten bildet seine (dreiundzwanzigste) Fuge, - mit drei Themen, - die mitten im Takt (239), wie liegen gelassen und ohne Schlussakkord, abgebrochen ist. Man ahnt, dass Bach einen geheimnisvollen Plan für den Gesamtaufbau des Werkes erfüllen wollte, doch über sein Geheimnis im letzten Lebensjahr hat nach seinem Tode (am 28. Juli 1750) keine Vertrauensperson etwas gewusst oder sagen können.

Die Verlage und der Notenhandel wie auch die um 1803 einsetzende musikwissenschaftliche Erforschung des Werkes brachte schöne Werkausgaben hervor, kam aber zu keiner Erklärung des geheimnisvollen zerbrochenen Fugenschlusses, der vielleicht den Gesamtplan des Werkes so verschlüsselt verbirgt, dass man ihn doch noch aufdecken und entschlüsseln könnte.

Man wird sich anhand des Notentextes darüber besinnen müssen, welche Fragen ihm angemessen sein könnten, und ob sie schon gestellt worden sind. Die Suche nach den angemessenen Fragen muss die letzten (ca. 70 Takte) der Fuge BWV 1080/ 19 sorgfältig auf parallel auftretende Motive und Melodien abtasten; doch daneben geht es auch um die Herkunft des „Doppelthemas" der vorausgehenden 22 Fugen der umfangreichen Komposition. Es geht um die Technik der spiegelbildlich umgekehrten Thema-Melodien mit ihren Varianten, wie auch um die vier kurzen Fughetten, die im „Schlusschoral" (BWV 668) die Sopranmelodieteile präludieren. Und letztlich geht es auch um die von Bach benützten Kirchenliedtexte, die er nicht aufgeschrieben hat.

Die einzelnen Stufen der Forschungsgeschichte müssen als Hintergrund neuer Fragestellungen mit bedacht werden, wie übrigens auch die Geschichte der Aufführungspraxis. – Der hier folgende Aufsatz kann nur eine Skizze der Problematik entwerfen, denn ein Eingehen auf zu viel weitere Einzelprobleme würde verwirrend wirken.

Vielen Dank schulde ich meiner lieben Frau und Familie für ihre Geduld mit meiner schwierigen Beschäftigung; außerdem auch den hilfsbereiten Nachbarn und Freunden, den Herren Werner M. Dienel und Oleg Mook, - der sich in ein Computer-Notenprogramm schon gut eingearbeitet hatte. – Für sein Interesse an meinem Gedankengang sei Herrn Professor Dr. Michael von Albrecht in Heidelberg sehr herzlich gedankt wie auch Herrn Dr. Kurt Wallat in Karlsruhe, dem sachkundigen Mitarbeiter des Peter Lang-Verlags in Frankfurt/M. & Bern.

Wolfgang Eckle
D 74590 Kirchberg / Jagst, Dezember 2003

Vorbemerkung

Bachs „Kunst der Fuge" ist ein musikalisches Kunstwerk, das in den letzten 250 Jahren bei Musikern und Musikliebhabern große Bewunderung hervorgerufen hat und auch eine Anzahl von Komponisten zu gründlichem Studium anregte, so dass manche Anregung durch das Werk sich in späteren Werken der Musikliteratur weiter entfalten, und dass der Stil in der Musikwelt sich weiter entwickeln konnte. Doch das Werk löste auch Verwunderung aus, - schon bei Bachs Söhnen und Schülern, - und später bei verschiedenen Verlegern und Bearbeitern des Notentextes und bei Künstlern, welche diese Musik ihren Zuhörern teilweise oder in ihrer Gesamtheit zugänglich machen wollten. In der Musikwissenschaft gab es Kontroversen über das Zyklusartige, aus Fugen über ein Hauptthema aufgebaute Stück, das zuletzt mit einem feierlichen und doch schlichten Choral endet.

Eine Schwierigkeit führt bis zur letzten Komposition: „XXIV Choral". Die Anzahl der komponierten Stücke von (XIII-XXIV) passt genau zu den von Bach nicht nummerierten 12 Stücken des Erstdruckes, während die erste Hälfte von Bachs Exempeln arabisch (1-12) nummeriert ist. Für alle Stücke von Nr. 1 bis 24 verwendet Walter Kolneder Römische Zahlen; doch das ist etwas verwirrend, weil es für große Teile des Werkes Originalhandschriften von Bach gibt, die teilweise mit Römischen Nummern (von I-XV) gekennzeichnet sind. Diese Nummern und die ihnen entsprechende Reihenfolge der Stücke sind nicht in den Erstdruck aufgenommen worden. Das MS P 200 (Preußische Staats-Bibliothek Berlin) wird heute als Ausarbeitungspartitur für den Erstdruck von BWV 1080 betrachtet. Es ist hochinteressant für Bachs gründliche Arbeitsweise (besonders an den sich spiegelnden Fugenpaaren), doch der Erstdruck gibt die endgültige Werkgestalt zur Aufführung für einen und (in Nr. XXI f. für zwei) virtuose Cembalospieler wieder.

Eine tabellarische Übersicht zu den wichtigsten Systemen der Satzbezeichnungen, die heute gebräuchlich sind, kann zur Verständigung über die Gestalt und Bedeutung von Bachs „Kunst der Fuge" nützlich sein.

Die „Übersichtstabelle mit den Incipits entsprechend der Reihenfolge des Erstdruckes" von Walter Kolneder in seinem Werk „Die Kunst der Fuge – Mythen des 20. Jahrhunderts" (Wilhelmshaven 1977, S.20f.) bildet einen Bezugsrahmen für die Verständigung über die Forschungsgeschichte, deren Grundlage eine wertvolle reale Quelle ist und deren Druck durch Bach und seinen Umkreis sorgfältig erarbeitet wurde. Den von Kolneder ergänzten Nummern des Erstdruckes werden andere Systeme der Nummerierung zum Vergleich an die Seite gestellt. Weit verbreitet ist das Bach–Werke-Verzeichnis (von Wg. Schmieder „BWV") mit der Nr. 1080 für die Kunst der Fuge, deren einzelne Nummern eigene Ziffern haben, z.B. 1080/ 1-12; (Diese Ziffern stimmen mit Bachs Nummerierung überein). Von Kolneders Nr. XIII ab gehen die Nummernsysteme weit auseinander: Der Bärenreiter Urtext (ed. von Klaus Hofmann 1998) weicht vom BWV wie von der Reihenfolge im Erstdruck ab.

Notenbeispiel zur Vorbemerkung (nach Kolnd. S. 20f.) :
Cpti. Nr.1-12 nach Bachs Erstdruck: Exempla XIII - XXIV nach Kolneder:

Die Zählungssysteme von Nr. 1-12 stimmen bei Klaus Hofmann und im BWV/ 1-12 überein. Das ändert sich von Nr. XIII ab grundlegend, zuerst deshalb, weil die sich spiegelnden Fugen 12 und XIII gemeinsam als BWV 1080/ 12 a und b geführt werden. Die Fugen XIV und XV werden ebenso zu BWV 1080/ 13 a und b (in griechischer Schrift). Fuge XVI wird - als Variante von Cp.10 als BWV 1080/ 10a bezeichnet und von Klaus Hofmann als Stück Nr.14 (auf S. 81) in den Anhang I/ 1 verwiesen (Robert Schumann hatte die Ähnlichkeit in den Themen der beiden Fugen entdeckt und Zweifel an Bachs Absichten geäußert). - Die Canones Nr.XVII bis XX erhalten die Bezeichnung BWV 1080/ 14-17, während Klaus Hofmann sie unter den Stücknummern 15 - 18 führt. - Die Spiegelfugen XXI f. (für 2 Cembali) erhalten die gemeinsame Nummer BWV 1080/ 18, welche bei Kl. Hofmann als Nr.19 im Anhang I als doppelte Nr.2 (Forma recta u. Forma inversa) erscheint. - Nr. XXIII wird zu BWV 1080/ 19 und bei Hofmann zu Nr. 20 mit der Überschrift „Fragment einer mehrthemigen Fuge". - Nr. XXIV erhielt die Bezeichnung BWV 668 und steht bei Hofmann als Stück 21 (und als Anhang I/ 3) auf S.96.

Der Mangel an Übereinstimmung der Nummerierung in Bachs originalem Erstdruck, im „Urtext der Neuen Bach-Ausgabe" (C. 1998 bei Bärenreiter-Verlag, Kassel) und im allgemein anerkannten Bach-Werke-Verzeichnis dürfte darauf hinweisen, dass es in der Erforschung der „Kunst der Fuge" noch Unklarheiten gibt, und vielleicht auch Informationslücken, die man ausfüllen könnte. - Die Zählung des Erstdruckes mit ihrer Ergänzung durch W. Kolneder scheint mir am ehesten begründbar zu sein, und wir benützen sie im folgenden Aufsatz häufig, oft allerdings auch mit Hinweisen auf die konkurrierenden Systeme der Zählung. Unser Hauptinteresse gilt allerdings weniger den Reihungen der einzelnen Fugenkompositionen, sondern Bachs Beziehungen zu den ihm wichtigen Choralmelodien und den ihnen zugehörigen Textaussagen, die ein wesentlicher Teil seines Bewusstseins und seiner Frömmigkeit gewesen sind.

Abb. Zur Vorbemerkung: Rätselkanon von Bach, gemalt 1747 auf dem Portrait von Elias Haußmann nach Friedrich Smend „Bach-Studien"(hrsg. von Christoph Wolff; Kassel 1969) Abb.1 nach Seite 178 zum Aufsatz „J.S. Bach bei seinem Namen gerufen - Ein Noteninschrift und ihre Deutung (1950)" - Vgl. unten S.2 das Zitat aus der selben Studie von Friedrich Smend.

Einige Abkürzungen:

BJ (mit Jahreszahl) = Bach-Jahrbuch

BWV ist das Kürzel für das Bach Werke – Verzeichnis (jeweils mit Angabe der Nummer bei Wolfgang Schmieder).

„Cp."; Mehrzahl: „Cpti", Bachs Bezeichnung für einige Fugen des Werkes *„Die Kunst der Fuge"* (= Contrapunctus, Plural: Contrapuncti).

„eqs" = et quod sequitur (lat.: „und was folgt") in Notenbeispielen, die aus einem längeren Text herausgegriffen sind.

„GA" ist die Bezeichnung für die Gesamtausgabe von Bachs Werken durch den „Bachverein" (gegründet um 1850); NBA = Neue Bachausgabe:

„Hrsg." (oder Hg.) = Herausgeber;   hrsg. = herausgegeben von ...

„Jhrdrt" = Jahrhundert

„Kolnd." ist hier die Abkürzung für *Walter Kolneder*, der die Geschichte der „Kunst der Fuge" seit ihrer Entstehung zu Bachs Lebzeiten bis zu ihrer Erforschung im 19. und im 20. Jahrhundert sehr gründlich untersucht und dargestellt hat. Unsre Abhandlung zitiert Kolneders Werk und die von ihm angeführten geschichtlichen Quellen häufig.

„Kunstf." (Führer durch Dänemark)

„MGG" = Musik in Geschichte und Gegenwart (vorletzte Ausgabe von Friedrich Blume ist noch verwendbar).

„Nbsp." = Notenbeispiel

„TP" (in Notentiteln) „Taschenpartitur" (im Titel der Ausgabe von BWV 1080 durch H. Diener)

„WTC" (I & II) Wohltemperiertes „Clavier" (= Cembalo, oder Hammerklavier; auch Orgel=Tastatur).

Einführung

In eine Untersuchung von Johann Sebastian Bachs letztem großen Cembalowerk („in 24 Exempeln"): „Die Kunst der Fuge" (erschienen in Leipzig 1752).

„Quaerendo invenietis!" lautet Bachs Anweisung zu zwei der zehn Rätselkanones in seinem „Musikalischen Opfer" (BWV 1079 Nr.9 u.10, komponiert 1747-1749). - Einen weiteren Rätselkanon - auf seinem von Elias Haußmann 1747 geschaffenen Porträtgemälde - „Canon triplex à sei Voci" - hat Bach nicht als ein Notenrätsel bezeichnet; doch die Überschrift über drei kurzen Notenzeilen (BWV 1076) zeigt, dass drei weitere Stimmen in dem kleinen Manuskript versteckt sind und durch einen scharfsinnigen Betrachter erst noch gefunden werden müssen. Nach 93 Jahren, also 1840, hat Johann Anton André, ein Musikwissenschaftler und Archivar, das Rätsel als solches erkannt und auch gelöst. (Friedrich Smend schrieb darüber einen monographischen Bericht; vgl. Notenbeispiel Nr.1; unten Seite 2).

Bachs letztes Cembalowerk (BWV 1080) hat, seit seinem Erscheinen (und zuerst im Kreise der über Bachs Tod trauernden Familie) eine an Bestürzung grenzende Verwunderung ausgelöst, die das Werk in der Musikwissenschaft, wie auch in der Aufführungspraxis, bis heute immer noch umgibt. Die früheste Stellungnahme zu Ungereimtheiten in den beiden letzten „Exempeln" oder Nummern des Werkes (also Nr. XXIII und XXIV) steht im ersten Abzug der Erstausgabe, an Stelle eines Vorwortes, mit dem Titel: „Nachricht." - Der Urheber gibt sich nicht zu erkennen, ist jedoch im Kreise der trauernden Hinterbliebenen nach Bachs Tod zu suchen, - hinter dem unpersönlichen „man" in der Mitte des Textes, den Walter Kolneder in seiner gründlichen Besinnung „Die Kunst der Fuge - Mythen des 20. Jahrhunderts" (S.280 und 328) zitiert. - In späteren Abzügen des Erstdruckes ist die „Nachricht" ersetzt durch einen „Vorbericht" von Friedrich Wilhelm Marpurg, (ebenfalls ausgedruckt bei Kolnd. S.456-460) in welchem der Inhalt der „Nachricht" sinngemäß wiedergegeben ist (aaO. S. 457f.).

Im hier folgenden Aufsatz sollen die Ergebnisse der musik-wissenschaftlichen Untersuchungen, über welche Walter Kolneder berichtet, kritisch betrachtet werden. Doch zugleich ist wohl ein erneutes Nachdenken darüber erforderlich, welche Melodien Bach zu den Themen seines immer noch geheimnisvollen Werkes angeregt haben könnten. Dass dafür Choralmelodien der Protestantischen Kirchen in Betracht kommen, ist nicht unwahrscheinlich, obwohl für das Hauptthema noch kein Vorbild in den Liedmelodien des Protestantismus aufgespürt worden ist (vgl. u. S. 33-38).

Ein wichtiger Hinweis auf die Bedeutung der Choräle für Bach und seinen Freundeskreis wird von Peter Schleuning in seinem Buch „Johann Sebastian

Bachs 'Kunst der Fuge'" (dtv/ Bärenreiter 1993; S. 30f.) gegeben: Lorenz Mizler veröffentlichte in seiner „musikalischen Bibliothek" die ursprünglich 1738 abgefasste Satzung seiner Sozietät mit Abänderungen von 1746, die von Bach beeinflusst sein dürften. Ein neu gefasster § XXV (Mus. Bibliothek Bd. III erster Theil, Leipzig 1746, S. 354) verpflichtet die Mitglieder „wider ... diejenigen, so die Kirchenmusik abgeschafft wissen wollen, mit Worten und Schriften (zu) streiten". Jedes Mitglied soll „darauf dringen, daß die Majestät der alten Musik wieder hergestellet ..... werde ....". - Bachs großes Fugenwerk dient wohl der selben Tendenz! (Vgl. unten Cap.VI S. 33ff.).

Notenbeispiel Nr.1 zum Bildausschnitt oben S.1; (nach dem Aufsatz von Friedrich Smend „Eine Noteninschrift und ihre Deutung" in „Bach-Studien" hrsg. von Christoph Wolff; Kassel 1969; S.176-194; Bild nach S.178).

Während jedoch andere Probestücke dieser Art nichts anderes als ein Zeugnis von dem Können des neuen Mitgliedes ablegen sollten, stellte Bachs Studie zugleich die Fähigkeiten der bisherigen Glieder der Societät auf die Probe. Denn hier wurde ihnen ein musikalisches Rätsel vorgelegt. Welche Bedeutung man dieser kleinen Schöpfung beimaß, erkennen wir daran, daß eine Niederschrift davon noch im Jahre 1790 in dem gedruckten Verzeichnis von C. P. E. Bachs Nachlaß unter den Kompositionen seines Vaters besonders erwähnt wird. Auch die Societät wußte die Dedikation zu schätzen. Als vier Jahre nach Bachs Tode in ihrer *Musicalischen Bibliothek* der von dem zweiten Sohn des Verstorbenen gemeinsam mit Johann Friedrich Agricola verfaßte Nekrolog erschien, erwähnte Mizler in den von ihm stammenden Notizen über Bachs Beziehungen zur Societät den Rätselkanon nicht nur eigens, er fügte ihn sogar dem Schluß des Lebensabrisses bei. Dies opusculum ist hiermit die erste posthum veröffentlichte Komposition des Meisters (BWV 1076). | Schon um dieser Besonderheit willen ist das kleine Werk von Interesse. Wir wollen es eingehender betrachten; es sieht folgendermaßen aus:

Canon triplex à 6 Voci

J. S. Bach

Bildtitel auf Deutsch: „Dreifacher Kanon für sechs Stimmen" - (Offen bleibt die Frage: Wo verstecken sich die drei fehlenden Stimmen?). Vgl. u. S.6 die Lösung.

Cap. I. Quellentexte aus der Zeit der Publikation.

Die „Nachricht" und der „Vorbericht" begründen eine biographische Tradition über Bachs letztes Lebensjahr und die Entstehung seiner „Kunst der Fuge", die bis heute weiterwirkt und sehr oft wiederholt worden ist, obgleich sie rätselhaft und auch nicht unbedingt vertrauenswürdig wirkt. Die Tradition bezieht sich auf die beiden letzten Stücke des Zyklus (Nr. XXIII, im Erstdruck überschrieben: „Fuga à 3 Soggetti" und XXIV: „Choral. Wenn wir in hoechsten Noethen"). Sie enthält folgende Elemente (El. 1 bis 4):

1. Der Verfasser des Werkes wurde durch Augenkrankheit und den darauf folgenden Tod an der Vollendung des vorletzten Stückes so behindert, dass es unvollständig liegengeblieben ist.

2. Die Fuge ist dort abgebrochen, wo sich der Verfasser (durch das Thema „B-a-c-h") namentlich zu erkennen gegeben hatte.

3. Der Übergang zum Schluss-Stück des Zyklus verdient die sorgfältigste Beachtung und wird deshalb hier wörtlich zitiert: „man hat dahero die Freunde seiner Muse durch Mittheilung des am Ende beygefügten vierstimmig ausgearbeiteten Kirchenchorals, ...(s. El. 4!) ...., schadlos halten wollen." - Das unpersönliche „man" scheint einen mühsam ausgehandelten Kompromiss zu verbergen: Kein Zweifel am Wert der Choralkomposition und an Bachs Urheberschaft wird durch den Satz suggeriert; aber der Eindruck soll wohl entstehen, dass der Choral nicht zu der schönen Fugensammlung gehören könne.

4. Ein Zwischensatz bestimmt genauer den „Kirchenchoral, den der selige Mann in seiner Blindheit einem seiner Freunde aus dem Stegreif in die Feder dictiret hat,...(S. oben El.3)....". - Der Vorbericht von Friedrich Wilhelm Marpurg folgt der „Nachricht" beinahe wörtlich. Die Person des Freundes, der Bachs Diktat notiert haben soll, wird auch von Marpurg nicht namentlich genannt. - Johann Nikolaus Forkel (Kolnd. S. 487f.) ergänzt die früheren Angaben durch den Abschnitt: „Zum Ersatz des Fehlenden an der letzten Fuge ist dem Werke am Schluß der 4stimmig ausgearbeitete Choral: Wenn wir in höchsten Nöthen sind etc. beygefügt worden. Bach hat ihn in seiner Blindheit, wenige Tage vor seinem Ende seinem Schwiegersohn Altnikol in die Feder dictirt." - (Forkels Leben Bachs erschien 1802 in Leipzig., vgl. Kolnd. S. 486).

Etwa gleichzeitig mit „Nachricht" und „Vorbericht" wurde 1751 der „Nekrolog" geschrieben, welcher eine kurze Beschreibung von wichtigen Werken Bachs enthält. Es heißt darin: „8) Die Kunst der Fuge. Dieses ist das letzte Werk des Verfassers, welches alle Arten der Contrapuncte und Canonen, über einen eintzigen Hauptsatz enthält. Seine letzte Kranckheit, hat ihn verhindert, seinem Entwurfe nach, die vorletzte Fuge völlig zu Ende zu bringen, und die letzte, welche 4 Themata enthalten, und nachgehends in allen 4 Stimmen

Note für Note umgekehrt werden sollte, auszuarbeiten. Dieses Werk ist erst nach des seeligen Verfassers Tode ans Licht getreten." (Kolnd. S.465; publiziert durch Mizler 1754). Die letzte *Fuge* vor dem Choral ist nicht das letzte *Stück* des Fugen-Zyklus; aus diesem Problem sind später Missverständnisse erwachsen.

Kolneder schreibt hiezu (u.a.): „Die nicht vollendete Fuge ist allerdings die 'vorletzte' genannt, und auf eine letzte verwiesen, welche vier Themen enthalten sollte. Dieser Satz, den Forkel dem Inhalte nach fast genau übernahm, steht im Widerspruch zu Marpurgs Vorbericht." (Kolnd. S. 466, Z.4ff.): Kolneder weist auf einen Satz hin, der im Zusammenhang des gesamten Abschnitts aus Marpurgs „Vorbericht" (Kolnd. S. 457), - anders als die „Nachricht" (El.1) - den überraschend eingetretenen Tod des Fugen-Verfassers, Bach, akzentuiert; - mitfühlend schreibt F. W. Marpurg: „Es ist nichts mehr zu bedauern, als daß selbiger durch seine Augen-Krankheit, und den kurz darauf erfolgten Tod außer Stande gesetzet worden, es selbst zu endigen und gemein zu machen. Er wurde von demselben mitten unter der Ausarbeitung seiner *letzten* Fuge, wo er sich bei Anbringung des dritten Satzes nahmentlich zu erkennen giebet, überraschet."

Forkels Abschnitt, in welchem er den Satz aus dem Nekrolog über die geplante letzte Fuge übernimmt, ist sich des Problems einer „vorletzten Fuge" (vor der letzten Fuge) etwas deutlicher bewusst, als dies Kolneder erkannt hat (Kolnd. S. 487f. zitiert Forkel): „Die vorletzte Fuge hat 3 Themata; im dritten gibt sich der Komponist namentlich durch *bach* zu erkennen. Diese Fuge wurde aber durch die Augenkrankheit des Verfassers unterbrochen, und konnte, da seine Operation unglücklich ausfiel, nicht vollendet werden. Sonst soll er Willens gewesen seyn, in der '*aller-letzten* Fuge' 4 Themata zu nehmen, sie in allen 4 Stimmen umzukehren, und sein großes Werk damit zu beschließen."

Kurz darauf folgt der Abschnitt über Altnikol, der oben (als El.4) zitiert ist. - Es fällt auf, dass Johann Nikolaus *Forkel* (bei Kolnd. S. 488, Zeile 5) von „der allerletzten Fuge" spricht. Damit entsteht ein erweiterter Rahmen für die Vorstellungen über Bachs Planung zum Schluss des Gesamtwerkes „Kunst der Fuge": Forkel zeigt im folgenden Abschnitt (S. 488 Zeile 12ff.), wie er sich die Einordnung des Chorals als ein Ersatzstück erklärt: „Zum Ersatz des Fehlenden an der letzten Fuge ist dem Werke am Schluß der 4stimmig ausgearbeitete Choral: 'Wenn wir in höchsten Nöthen sind etc.' beygefügt worden." - Forkel setzt also voraus, dass die „Fuga a 3 soggetti" zuletzt einen vierten Teil mit neuer Thematik hätte erhalten sollen. Erst nach diesem nicht ausgeführten Plane hätte also die „*Allerletzte Fuge*" ihren Platz gefunden! Über den berühmten „Schluss-Choral" auf die Melodie aus dem „Genfer Liedpsalter" (von 1543) ließ sich auch der Text von Justus Gesenius (1601-1673) singen: „Vor Deinen Thron tret ich hiermit ....". Forkel äußert sich (nach Kolnd. aaO. S. 488, Zeile 19ff.) sehr anerkennend über die Schönheit dieser Vertonung, die für den Erstdruck doch wohl schon vor dem Eintritt von Bachs Tod gestochen worden war.

Die Musikforschung hatte große Mühe mit der Deutung aller biographischen Überlieferungen zu Bachs letzten Lebensjahren und zu den Absichten, die er mit seinem Fugenwerk in 24 Beispielen verfolgt haben mag. Die Schwierigkeiten in der Behandlung der entsprechenden Fragen nehmen fast ins Unermessliche zu, wenn man auch die Quellenlage der Notenmanuskripte und des gedruckten Notenstiches mit in Betracht zieht.

Die Arbeit vieler Forscher hat in vielen Einzelfragen, besonders bei den chronologischen Problemen Klarheiten geschaffen. Doch es bleibt immer noch ein ungelöstes Hauptproblem, das vielen Bewunderern des Meisters J.S. Bach schmerzhaft erscheint: Wieso ist das Exempel Nr. XXIII mitten im Takt abgebrochen? Ist etwa ein Konzeptzettel (Fragment x) verloren gegangen? Oder wollte der Komponist seine Erben und seinen riesigen, fachkundigen Bekanntenkreis einfach schockieren? (Vgl. zu den Nummern der Exempel Kolnd. S. 18-22 und unsere Vorbemerkung oben S. XII ff.).

Walter Kolneder hat die Geschichte der Erforschung in einer sehr gründlichen Monographie von 1052 Seiten (in 4 Bdd.; 1.Aufl.1977) dargestellt: „Die Kunst der Fuge - Mythen des 20. Jahrhunderts". Er zitiert darin Friedrich Blume (Kolnd. S.8 nach MGG J.S. Bach 995); Blume nennt das Werk einen „Kyklopischen Torso, den der Erbe tausendjähriger Geschichte hinterlassen hatte". Das Stichwort „Torso" wird im Verlauf der Forschungsgeschichte oft verwendet, doch es wird mehr und mehr auf die „Vorletzte Fuge" (nach der Zählung von Kolnd. Nr. XXIII) eingeschränkt; man vgl. Kolnd. S.301; 306 (Hugo Riemann 1894); 528 (Philipp Wolfrum; Berlin 1906); 610; 612 u. 631). Oft wird dabei speziell Exempel Nr. XXIII als Torso bezeichnet. Besonders schön drückt 1953 in einem Plattentext Wolfgang Leonhardt seine Empörung über den unvermittelten Abbruch einer Fuge aus (Kolnd. S. 325f.): „The colossal unfinished fugue is here placed at the end. It may be called a 'sketch', since it is quite possible that Bach would have not only finished it but revised it. Yet it is music of the greatest beauty, and its sudden breaking off is almost unbearable . . . ".

Der tieftraurige und schön formulierte Satz von W. Leonhardt bestärkt mich in einer Vermutung, auf welche mich das eingangs beschriebene Canon-Notenrätsel auf dem berühmten Gemälde des Meisters von Elias Haußmann gebracht hat: Bach könnte vielleicht in seiner beispielreichen Fugensammlung, die öfters als ein Lehr- und Unterrichtswerk betrachtet worden ist, dem Schüler der Fugenkomposition eine Arbeitsaufgabe gestellt haben wollen. - Johannes Mattheson hat in seinem 1739 erschienenen Buch „Der vollkommene Capellmeister" (S. 441, im § 66 von cap. 23 des III. Theils) eine Aufforderung an den „berühmten Herrn Bach in Leipzig" gerichtet, als Fugenmeister ein Unterrichtswerk zu schaffen. -

Unterrichtswerk zu schaffen. - Schon lange erhielten Lehrbücher der Mathematik Übungsaufgaben für die Schüler.

An Notenbeispielen aus der Fuge mit dem zerbrochenen Schluss soll versuchsweise gezeigt werden, wie diese Aufgabe und ein Weg zu ihrer Lösung ausgesehen haben könnten. Dabei müssen wir uns allerdings immer vor Augen halten, dass das Fragment der möglicherweise vorletzten Komposition des großen Fugenwerkes nach Bachs Tod bis zum Jahre 1844 in der Originalhandschrift nur von spezialisierten Archivaren hätte eingesehen werden können. Im Bibliothekar S.W. Dehn lernen wir einen Gelehrten kennen, der mit einem Bericht in der Zeitschrift *Cäcilia* (Bd. 24/1844) seinen Eindruck von den letzten 11 Takten von Bachs Notenmanuskript schildert. Nach seiner Publikation dauerte es noch bis ins XX. Jahrhundert, dass sich Musikwissenschaftler, Künstler und Historiker für die lange Zeit so gut versteckte Handschrift interessierten. Notenverlage zögerten noch lange mit der Drucklegung der letzten Takte, und es entstanden dabei leidenschaftliche Kontroversen über die Bedeutung des Notenschriftfragments: (Vgl. hierzu Cap. II, unten S.9).

Notenbeispiel Nr.2: Die spiegelbildlichen Ergänzungen zu den drei Notenzeilen ergeben den 6stimmigen Kanon (nach Friedrich Smends Erläuterungen).

Notenbeispiel Nr. 3 (zu S. 5f.) a und b, dazwischen 3c: Überleitung zum Choral

*) b mit Erstdruck nach Diener; anders (c´) bei Kl. Hoffmann.

In 3c werden die Takte 239-242 nach dem Vorbild der Takte 190-193 ergänzt (nach den Regeln des doppelten Kontrapunkts).

In einer Anthologie der Bach-Dokumente (Leben und Werk C.1975 Leipzig; dtv 2946), zusammengestellt von Hans-Joachim Schulze, finden sich (S. 26 - 28) „Anekdoten um Vater und Söhne", die zur Disziplin des Komponierens nach Bachs Auffassung interessant sind. C.F.D. Schubart schreibt in "Deutsche Chronik" – Ulm, 16. 1. 1775 (BD III/ 804): „Hier fällt mir eine Anekdote bey, die der Londoner (Johann Christian) Bach in Schwezingen erzählte. Man sprach von seinem großen Vater... ‚Einsmal' sagte er zu Cannabich und Wendling, ‚phantasierte ich auf'm Klavier bloß mechanisch, und hörte in der Sextquart auf. Mein Vater lag im Bett', und ich glaubt' er schlief. Er fuhr vom Bett auf, gab mir eine Ohrfeige, und resolvierte die Sextquart'." Ähnliche Erziehungsmaßnahmen scheint Bach im häuslichen Kreise öfters ergriffen zu haben. H.-J. Schulze zitiert (aaO. S. 28 von C.F. Cramer „Menschliches Leben" Kiel 26.10. 1793 (III/ 973): „Wenn er (Bach) Abends sich zu Bette gelegt, spielten – das hatte er so eingeführt – wechselweise seine drey früh musicalischen Jungens ihn in'n Schlaf. Am leichtesten schlief er beym Christian ein, wenn sichs nicht so traf, daß er vor Aerger wach dabey blieb. Diese Servitut im väterlichen Hause langweilte – wie die Jugend denn flüchtig ist! – die Knaben sehr oft. Philipp Emanuel, (er hat mir die Geschichte selber erzählt;) eines Abends, paßte daher auf; und – so wie er nur eben merkte, daß der Vater zu schnarchen begann, ... wips! wips! auf vom Clavier, mitten in einem unaufgelösten Accord; und – lief fort. Vater Sebastian wacht von dem Mislaute sogleich auf. Die Dissonanz quält, martert, ängstigt sein Ohr. Erst, glaubt er, daß Emanuel .... wieder hereinkommen wird. Da nichts davon geschieht; quält er sich immer mehr; steht, so schön warm er auch schon liegt, auf; im Hemde; heraus aus dem Bett; grabbelt und tappt sich in der Dunkelheit hin ans Instrument; ergreift den dissonierenden Accord, und ... schließt ab."

Lässigkeiten, die Bach seinen Söhnen nicht durchgehen lassen wollte, hat er auch sich selber nicht gestattet, so wird man annehmen dürfen. - Der Stilbruch und Regelverstoß in der Tripelfuge scheint deshalb etwas anderes zu sein. Hinter der unschönen Provokation könnte Bach Gefühle und geheime Gedanken versteckt haben wollen, die ihm wertvoll und wichtig erschienen. Es dürfte sich wohl lohnen, diesen Gedanken noch etwas weiter nachzuspüren.

Cap. II. Manuskripte und Erstdruck.

Die bisher betrachteten Mitteilungen über den letzten Lebensabschnitt von J.S. Bach führen bis zu Johann Nikolaus Forkel und seinem Buch (Leipzig 1802) „Über Johann Sebastian Bachs Leben, Kunst und Kunstwerke". Bis zu dessen Zeit war von der Kunst der Fuge nur der Erstdruck (Leipzig 1751/52) bekannt. Den Spuren des Werkes, das nach dem Erstdruck auch öfters durch private Abschriften in Musikerkreisen verbreitet worden ist, geht Kolneder (S. 466-495) für die Zeit zwischen 1754 bis 1803 sorgfältig nach. Mit der Neuausgabe der Kunst der Fuge, nach einem Exemplar des Erstdruckes - durch Hans Georg Nägeli in Zürich (1803) - beginnt eine neue Epoche der Öffentlichkeitswirkung des Werkes. Nägeli hat ein Exemplar seiner neuen Ausgabe (nach Kolnd. S. 459) Beethoven zum Geschenk gemacht.

Der Schlusstakt der rätselhaften „vorletzten Fuge" (Nr. XXIII) blieb während dieser ganzen Zeit, und noch länger, in privaten und später staatlichen Bibliotheksarchiven (nach dem Tode des Sammlers Georg Poelchau in der Preußischen Staatsbibliothek zu Berlin als P 200 registriert) unerschlossen liegen, bis zu einer Veröffentlichung durch den Bibliothekar Siegfried Wilhelm Dehn (1799 bis 1858) in der Zeitschrift „Cäcilia" (Bd. 24/1844; nach Kolnd. S. 508ff.).

P 200 gilt heute als Bachs „Arbeitspartitur", nach welcher eine inzwischen leider verlorengegangene Reinschrift als Druckvorlage hergestellt worden ist (vgl. Kolnd. S. 509f.). Die torsohafte Fuge (XXIII = BWV 1080/ 19) ist in P 200 nicht partiturartig für vier einzelne Melodiestimmen aufgezeichnet, sondern als Klaviersatz in zwei Fünfliniensystemen, von welchen das obere nicht (wie bei einigen Canones) den Violinschlüssel, sondern den Sopranschlüssel aufweist, also mit dem c' auf der untersten Linie. Von den fünf Blättern (P 200/ Beilage 3, fol.1-5) sind gute verkleinerte Faksimile-Abbildungen abgedruckt bei Pieter Dirksen: „Studien zur Kunst der Fuge von Johann Sebastian Bach - Untersuchungen zur Entstehungsgeschichte, Struktur und Aufführungspraxis" (Wilhelmshaven 1994; S.224ff.). Pieter Dirksen baut in kritischer und fruchtbarer Auseinandersetzung mit der Literatur der letzten drei Jahrzehnte sein gründliches Verständnis für Bachs Schaffen in seinen letzten Lebensjahren und -monaten auf und lehrt eine bejahende Haltung zur Fuge „a 3 Soggetti" (=XXIII) „als Torso" (aaO. S.181). Man wird in jedem Falle anknüpfen dürfen an seinen gehaltvollen und im Kontext (S.203) gut begründeten Satz: „Die vollendete Form der h-Moll-Messe und der Torso-Charakter der Kunst der Fuge stehen deshalb in einer unverwechselbaren Beziehung zueinander."

Wenn es zutreffen sollte, dass J.S. Bach einem findigen Schüler in der Fugenkomposition mit seiner torsoartig abgebrochenen Fuge ein Notenrätsel habe aufgeben wollen (S.ob.S.1f. und S.6f.), dann müsste man vielleicht auf folgendem

Wege zu einer Lösung kommen können: Die Achtelsequenz der in Takt 239 allein weitergeführten Tenorstimme wäre daraufhin zu untersuchen, ob das Motiv geeignet ist, als die Stichnotenfolge zu einer Ergänzung nach dem d-Moll-Schlussakkord aus den drei Schlusstönen der zusammenklingenden drei „Subjekte" in einer Fortführung der vier Melodiestimmen Aufnahme zu finden.

Das Motiv bildet den Ausklang des Zweiten Themas der „Fuga a 3 Soggetti" (BWV 1080/ 19), das im Takt 114 eingeführt wird; und zwar in d-Moll in der Altstimme. Die Achtelfolge in Takt 119 wiederholt sich Takt 120 genau eine Quarte tiefer, und leitet damit zum Themeneinsatz in der Sopranstimme in a-Moll (Takt 121) über. Ähnlich ist die Überleitung zum d-Moll-Einsatz im Bass, Takt 128, und der Übergang zum Tenorthema a-Moll (Takt 135) entspricht T.119f. (und auch T.238f.). Eine reizvolle Fortspinnung der Fuge (T.140-146) führt zum Themeneinsatz (d-Moll, T.147) im Sopran. Der Alt folgt T.156 in a-Moll; der Tenor T.167 in F-Dur, und in sein Thema wird ab T.169 das 1.Thema der Fuge Nr. XXIII eingeflochten, auch in einer neu auftretenden Wendung nach F-Dur (bis in den Takt 174).

Nach kühnen Modulationen folgt ein Themeneinsatz im Bass in g-Moll, (T.180). Das 2. Thema wird, von T. 182 bis 188, von einer Engführung des 1.Themas in den Oberstimmen überlagert. - Hieran schließt sich eine Kadenz in g-Moll, die zum ersten Einsatz des dritten Soggetto mit der Tonfolge b-a-c-h überleitet; T.193 im Tenor, (T.195 im Alt, T.201 im Sopran und, T.203 bis 206, im Bass). - Von T.210 ab bis in den Takt 230, wird die Fuge über das Thema „B-a-c-h" mit einem Anhang von zwei Takten, bis zur Auflösung in einem D-(bzw. A-)Dur-Akkord (T.197 bzw. T.199 und T.214 bzw. T.222), fortgeführt. Mit einem angedeuteten Akkord in A-Dur wird im Erstdruck das Gesamtwerk (T.233, vor der bis heute umstrittenen Choralkomposition) abgeschlossen. - Die behelfsartige Verlegenheitslösung verdeckte - bis 1844 - den im damals neu entdeckten MS P 200 (Beil.3, fol.4f.) viel schlimmeren Zustand des von Bach nicht ausgeführten Überganges zwischen den beiden hinterlassenen Schluss-Sätzen (Nr. XXIII und XXIV).

In Bachs Handschrift (MS P 200/ Beilage 3, fol.5; das Blatt beginnt mit der zweiten Hälfte des Taktes 227) folgen noch sieben Takte, die erst seit 1844 bekannt geworden sind. - Dass die Takte 227b bis 233 (erstes Viertel) von dem handschriftlichen Blatt (fol.5) in den auf Kupferplatten gestochenen Erstdruck aufgenommen worden sind, beweist, dass die Herausgeber des Werkes die letzten 7 Takte (233-239) bewusst und mit Absicht aus der Publikation, (die den Choral Nr. XXIV = BWV Nr.668 noch enthalten hat,) ausgeschieden haben. In den sieben Takten sind die drei Themen der „Fuga. a 3 Soggetti" (XXIII) so kombiniert, dass sie gleichzeitig erklingen, bis es im Takt 239 zu dem fragmentarischen Abbruch des Fugensatzes kommt.

Aus den beiden letzten Takten der torso-artig abgebrochenen Fuge mit den drei Themen (T. 238 f.) nahmen wir oben (S. 10) die einfache, doch recht charakteristische Schlusswendung des 2. Themas der Fuge als einen interessanten Gegenstand in der Komposition auf. Es zeigt sich, dass Bach, etwas improvisierend - spielerisch, das Motiv vielfältig verwendet. Doch in den Takten 189 bis 191 geschieht um das Motiv etwas Einmaliges! Die Abwärtsrichtung der Figur, die T.188 noch in Sext-Parallelen sich selber begleitet, kehrt sich plötzlich in eine Aufwärtsrichtung um. So entsteht (T. 189) ein neues Motiv im Sopran. Drei Achtelnoten im Tenor begleiten anfangs das neue Motiv im Dezimenabstand (Vergleichbares ergab sich schon in den Takten 171 und 174f.). - Neu ist jedoch die gegenläufige Bewegung, die mit der Aufwärtsrichtung in der Tenorstimme (Takt 190) beginnt, wo sie das Motiv der (abwärts gerichteten) Altstimme begleitet. Ähnlich spiegelbildlich geführt sind im folgenden Takt (191) Sopran und Bass-Stimme; in den beiden 7/8-Figuren liegen sich die Halbton- und die Ganztonschritte oben und unten jeweils genau gegenüber (anders als in Takt 190). - Erstaunt hat mich, dass Pieter Dirksen (aaO. S. 213) in einer Sammlung von Bachs eigenhändigen Korrekturen an seinem MS (P 200/ Beilage 3) in T. 190 bis 192 recht umfangreiche Veränderungen an der Tenor- und Bassstimme gefunden hat . (Zu vergleichen ist sein Faksimilebild aaO. S. 225).

Das von J.S. Bach gestellte Notenrätsel für die nach T. 238 zu ergänzenden Takte ist vermutlich auf die Takte 190 bis 193 zu beziehen. Eine verhältnismäßig einfache Aufgabe für die Anwendung der Regeln des „Doppelten Kontrapunkts" wäre mit der Figur im Tenor des Taktes 239 gestellt: Die Tenorstimme entspricht in ihrem Verlauf genau der Altstimme in Takt 190. Anstelle des d'' (in T. 190) beginnt sie mit e', also eine kleine Septime tiefer. Das Aufwärtsmotiv des Tenors (T. 190) müsste also in der leeren Zeile (des MS P 200/ Beil.3) in die Altstimme hinaufgerückt werden. Um eine Quarte über dem e' liegt dann der Ausgangston für die Sieben-Achtel-Figur im Violinschlüssel, also a'.

In Takt 240 müssten in entsprechender Weise die Bass- und die Sopranstimme nach dem Modell des Taktes 191 vertauscht und jeweils um einen Ganzton in die Höhe gerückt werden, so dass sie vom (kleinen) f und vom h' nach unten und nach oben ausgehen. Vgl. die Notenbeispiele Nr.3 &.4 (oben S. 7 und unten S.12; - nach dem Vorbild der Takte 190-193 kann wohl der Fugenschluss in den Takten 239-242 ergänzt werden).

Notenbeispiel Nr.4. (Die Takte 185-196 sind nach G. Hokes Faksimile Ausgabe abgebildet).

Die Darstellung von Bachs Korrekturen in gedruckten Noten (die Takte 190-192) nach Pieter Dirksen a.a.O. S.113 (vgl. oben S. 9). Dirksen gibt 17 Beispiele von Bachs eigenhändigen Korrekturen im MS der Fuge XXIII wieder. Der erschlossene Zustand „ante correcturam" wird um 13 Töne zum Zustand „post correcturam" ergänzt. Es ist die umfangreichste der festgestellten Korrekturen.

Cap. III Musikforschung nach der Entdeckung des MS P 200 im Jahre 1844.

Das Reizwort „Torso" für die gesamte Kunst der Fuge von Bach wird wohl erstmalig im Jahre 1949 von Friedrich Blume benützt (Vgl. Kolnd. S. 859 und oben S. 5). Nach dem Erscheinen des Erstdruckes haben die Erklärungen der Herausgeber zur unvollendeten Fuge (XXIII) und zum Choral (XXIV) anscheinend niemanden sonderlich beunruhigt. Johann Nikolaus Forkel hält die Äußerungen der Bach-Erben für glaubwürdig und ihre Klarheit über die Geschehnisse in Bachs letzter Lebenszeit für hinreichend, wenn sie auch traurig sind. Vor der Nägeli Ausgabe 1802 wurde (nach Kolnd. S. 480-488 für die Jahre 1790-1802) der Schluss-Choral in Abschriften und einer Ausgabe durch Vogt (Paris 1801) treulich in Kauf genommen, während er seit Nägeli bis ins 19. und 20. Jhdt. hinein nicht mehr als Bestandteil des Fugenwerkes behandelt worden ist. Die im Paris der Revolutionszeit geschaffene „Vogt-Ausgabe" geriet, - wie Kolneder zum Jahr 1801 (a.a.O. S. 484ff. mit Abb. der Titelseite) berichtet, - in Vergessenheit, bis zu Nachforschungen der Bibliothèque National, die Kolneder selber angeregt haben dürfte; - er schreibt, der Text sei „sehr gut und kommt dem sehr nahe, was wir heute als 'authentisch' ansehen." (S.486). Vogt druckte auch Nr. XXIV ab, was bis zu Wolfgang Graeser um 1926 nie mehr geschehen ist. (Weitere Erwähnungen von Vogt finden sich a.a.O. S. 212, 328, 380f., 500; und in Listen S. 236, 255, und 447).

Walter Kolneder schildert die Geschichte der Editionen nach dem Erstdruck (a.a.O. S.480 - 499) anschaulich und genau. Nach Hans Georg Nägeli (Paris und Zürich 1802) erschien (Leipzig 1838; Ed. Peters) die modernisierte Klavier-Ausgabe von Carl Czerny, die bis 1926 in 48 Auflagen weite Verbreitung gefunden hat. Nägeli und Czerny lassen beide den Schluss-Choral weg.

Kolneder beschreibt (a.a.O. S. 500-502) eine Abschrift der Kunst der Fuge von Robert Schumann aus dem Jahr 1837, die sich bis heute im Privatbesitz erhalten hat. Man könnte sie vielleicht als einen neuen Ansatz der wissenschaftlichen Betrachtung des seinerzeit noch verborgenen schönen Werkes ansehen (Abb. ebenda S. 97).

Seit der Ausgabe von C. Czerny festigte sich die Überzeugung, dass der Schluss-Choral (Nr. XXIV) mit dem Gesamtwerk nichts zu tun haben könne; besonders Moritz Hauptmann (1792-1868), „der 1842 an das Thomaskantorat berufen wurde" (Kolnd. S. 507), hat die Nummern XXIII f. nicht als zum Werk gehörig betrachtet - in seinen „Erläuterungen zu Johann Sebastian Bach's (sic) Kunst der Fuge" (Leipzig 1841; 4.Aufl.1925) - Kolneder widmet der Gesamtausgabe der Bachgesellschaft von 1878 durch Wilhelm Rust einige bedenkenswerte Sätze, bes. a.a.O. S.283 u.592. Zu Nr. XXIII bemerkt Kolneder:

„Daß Rust die Schlußfuge dann doch in die GA aufgenommen hat, ist nur seinem hohen Verantwortungsgefühl als Wissenschaftler gegenüber dem Erstdruck zuzuschreiben." - Im Abschnitt „Der Schlußchoral" (S.328-334) spricht Kolneder ein weiteres Mal über W. Rusts Stellungnahme zu Nr. XXIV (S. 328): „In der GA hat Rust ihn nicht gebracht, sich aber im Vorwort zu Band XXV/ 2, der den Choral enthält, sehr ausführlich mit der Titelfrage beschäftigt."

Die Reihe von Bachforschern, die sich mit der „Kunst der Fuge" beschäftigten beginnt mit J. Nikolaus Forkel (Kolnd. S.486f. zum Jahr 1802), auf welchen Moritz Hauptmann (Kolnd. S.507 zum Jahr 1841) folgte, und darauf erarbeitete W. Rust eine Gesamtausgabe von Bachs Werken, in welcher die „Kunst der Fuge" sorgfältig ediert und auch besprochen ist (um 1873). Die Reihe der Bachforscher geht weiter mit Philipp Spitta („Johann Sebastian Bach." Leipzig I 1873, II 1880; s. Kolnd. S.931), Hugo Riemann (mit Analysen der Kunst der Fuge um 1894; vgl. Kolnd. S.921) und Albert Schweitzer („Johann Sebastian Bach" französisch Leipzig 1905, dt. Leipzig 1908; n. Kolnd. S. 929f).- In Teil III „Spezialuntersuchungen" bespricht Walter Kolneder (a.a.O. S. 280-300) „Die Schlußfuge" besonders im Blick auf die genannten Bachforscher, die häufig die Hypothesen ihrer Vorgänger wiederholt haben, so dass sie wie Forschungsergebnisse aussahen. Kolneder sagt dazu (a.a.O. S.300): „*Wissen* tun wir heute gar nichts, ... Wir *vermuten* nur und spinnen Hypothesen in den wissenslosen Raum. Man sollte sie aber als solche bezeichnen und nicht Sachverhalte ... vortäuschen ...." (die noch nie gesichert waren).

Mit dem oben (S. 6-11) angedeuteten Versuch, die Stelle, mit welcher die Fuge Nr. XXIII abbricht, als ein Notenrätsel zu betrachten, wurde hier einer langen Kette von musikwissenschaftlichen Bemühungen um das Verständnis der „Kunst der Fuge" vorausgegriffen. Nicht ganz klar sind die frühen berichtenden Quellen, also (1) die „Nachricht" auf den ältesten Exemplaren des Erstdruckes, (2) der „Vorbericht" von Friedrich Wilhelm Marpurg (1718-1795) im späteren Erstdruck aus dem Jahre 1752 (vgl. bei Kolnd. S. 262-265 und 461-464 die biographischen Angaben zu Marpurg). Wenig später tritt als frühe berichtende Quelle (3) der „Nekrolog" (erschienen 1754), mit einem wichtigen Abschnitt über die „Kunst der Fuge", hinzu. Darin ist der Satz über „die vorletzte" (unvollendete) „Fuge" und über die „letzte, welche 4 Themata enthalten,...,sollte" (und die wegen Bachs letzter „Kranckheit" nicht hat ausgearbeitet werden können; vgl. Kolnd. S. 465) besonders wichtig und für spätere Diskussionen der Quellenlage folgenreich geworden. Kolneder schreibt (a.a.O. S. 466): „Dieser Satz, den Forkel dem Inhalte nach genau übernahm, steht im Widerspruch zu Marpurgs Vorbericht".

Kolneder trägt (z.B. S. 466f.) Gesichtspunkte bei für die Klärung der Entscheidungsfrage, welche Fuge mit „der vorletzten" gemeint sein könne, und welches, - vielleicht schon entworfene oder noch ungeschriebene? - Stück als „die letzte Fuge" (des Zyklus) zu bezeichnen sei. - Seit den Ausgaben durch J.G.

Nägeli (Paris und Zürich 1802; nach Kolnd. S. 484) und C. Czerny (Peters in Leipzig 1838; Kolnd. S. 502) wurde der sog. „Schluss-Choral" nicht in die Klavierausgaben aufgenommen. Kolneder scheint es zu billigen; allerdings gibt er damit sein System der Nummerierung - man vergleiche (oben S. VIII) sein Themenverzeichnis (a.a.O. S. 20f.) mit XXIV Incipits! - auf und übergeht damit eine sehr wichtige frühe Publikation vom 1. Juni 1751 in „Leipziger Zeitungen" (Kolnd. S. 455), nämlich den „Subskriptionsaufruf", der mit den Worten beginnt: „Es wird hiermit zu wissen gemacht, daß von der Kunst der Fuga (sic) in 24. Exempeln, entworfen durch Johann Sebastian Bach,......, in den meisten und vornehmsten Buchhandlungen Teutschlands Avertissements zu haben."

Thomas Wilhelmi (Riehen bei Basel) hat in seinem Artikel: „Carl Philipp Emanuel Bachs 'Avertissement' über den Druck der Kunst der Fuge" (BJ Bd.78/ 1992 S. 101-105) eine neue Ausgabe des interessanten Dokuments vom 7. Mai 1751 mit hervorragendem Kommentar über eine kurzlebige Berliner Zeitschrift geschaffen. Das lange vergeblich gesuchte Dokument kann Walter Kolneder nicht gekannt haben. Hier interessieren die Worte (Zeile 4f. des a.a.O. S. 101 abgedruckten Dokumentes): „Die Kunst der Fuge, in 24 Exempeln entworfen durch Johann Sebastian Bach" usw. Sie erscheinen fast wörtlich im „Subskriptionsaufruf". Von hohem Quellenwert ist der Satz von Carl Ph. Em. Bach über die vier letzten Stücke (XXI-XXIV) in dem späten Fugenwerk seines Vaters (a.a.O. S. 102, Zeilen 27-32): „Die letzten Stück sind zwey Fugen für zwey unterschiedene Claviere oder Flügel (nach Kolnd. XXI f), und eine Fuge mit drey Sätzen, wo der Verfasser bey Anbringung des dritten Satzes seinen Namen *Bach* ausgeführt hat. Den Beschluß macht ein Anhang von einem vierstimmig ausgearbeiteten Kirchen-Choral, den der seelige Verfasser in seinen letzten Tagen, da er schon des Gesichtes beraubt war, einem seiner Freunde in die Feder dictiret hat."
Es sind wohlbekannte Formulierungen, die uns auch in den schon lange gesammelten Quellentexten über den Zusammenhang von Bachs Krankheit und Tod mit der Werkentstehung der Kunst der Fuge vertraut geworden sind. Ihre gemeinsame Herkunft dürfte in der von Wilhelmi besprochenen Zeitschrift „Critische Nachrichten aus dem Reiche der Gelehrsamkeit" (Berlin 1751) zu sehen sein. C. Ph. Em. Bach und auch G. E. Lessing standen deren Herausgebern sehr nahe.
Das wiedergefundene „Avertissement" bestätigt Auffassungen, die Walter Kolneder vertritt: 1.) Die Frage der Nummerierung stützt die Ordnung der „Exempel", wie der Erstdruck sie aufweist. Die letzten vier Stücke sind im Avertissement genau in der Reihenfolge geschildert, wie sie im Erstdruck stehen, und zwar einschließlich dem umstrittenen „Choral", der vielleicht doch mehr ist als ein Ersatz für das nicht Ausgeführte. 2.) Mit Selbstverständlichkeit wird von

24 Stücken gesprochen. Die Anzahl entspricht den Stücken von beiden Bänden des WTC, mit gutem Grunde: denn die zwölf Halbtonschritte der Töne in einer Oktave führen zu 2 x 12 Dur- und Moll- Tonarten, und außerdem kennt Bach für sein Zahlenalphabet 24 Zahlwerte von A bis Z, wobei er jeweils I und J sowie U und V als Symbol nur einer Zahl benützt (also für 9 und für 20). 3.) Das „Avertissement" spricht eindeutig von „drey Sätzen" einer Fuge, was mit der Überschrift im Erstdruck „Fuga a 3 Soggetti" übereinstimmt. - Die Cembalo-Ausgabe von Klaus Hofmann, als Urtextausgabe 1998 in Kassel erschienen, ändert die Überschrift zu „Fuga a 3 (4) Soggetti" und suggeriert auf solche Weise, dass die Fuge auch als Fuge mit *vier* Themen hätte geplant sein können. Damit wäre dann der „Choral" tatsächlich nur ein willkürlicher Anhang.

Die zugrundeliegende Auffassung, die heute in der Musikwissenschaft und Aufführungspraxis weit verbreitet ist, wird schon von Johann Nikolaus Forkel vertreten (vgl. oben S.3-8 und unten S.16-20). Den Satz des Nekrologs über eine Fuge mit vier Themen bezieht Forkel sodann (s. oben S.4) auf eine nie gesehene „Allerletzte Fuge". Der von Bachs Erben und seinem Freundeskreis im „Nekrolog" pietätvoll weitergegebene Satz über „eine Fuge mit vier Themen, die jeweils umgekehrt werden sollten" hat offenkundig eine wichtige Bedeutung!

Was heißt, ein Thema „soll umgekehrt werden"? So wird man zunächst fragen müssen. Man weiß, dass Johannes Mattheson im Jahre 1739 ein Musiklehrbuch „Der vollkommene Capellmeister" herausgegeben hat und darin (S.441, §66) Bach herausfordert, eine Art Lehrbuch der Fugenkomposition herzustellen. Etwas ruhmredig verweist Mattheson dort auch auf ein „eignes Werck", das eine Doppelfuge „mit dreien Subjekten" enthält. Mattheson wünschte, von Bach beachtet zu werden; von Bachs Seite aus ist mir keine Äußerung über Mattheson bekannt geworden. Allerdings dürfte die Fuge XXIII (BWV 1080/ 19) a 3 Soggetti durchaus eine Replik auf dessen überdeutliche Anspielungen auf Bach darstellen. In seinem Capitel 22 „Vom doppelten Contrapunct" führt Mattheson (a.a.O. S.416) mit Notenbeispielen den Begriff „Motus contrarius" ein für Gegenbewegungen zweier Stimmen (oder Themen), „was man al Roverscio nennet, auf Französisch à la Renverse; auf Teutsch: gegeneinander umgekehrt, also daß die steigenden Intervalle zu fallenden, und die fallende zu steigenden werden." - Seit 1740 spielt Bach mit solchen Melodie-Umkehrungen; - besonders schön z.B. in dem Rätselkanon BWV 1076 (s. oben S. XIII, 2 und 6), und fast alle Themen der gesamten Kunst der Fuge sind Experimente mit der Spiegelung von Melodien. Bach scheint diese Methode (nach Mattheson a.a.O. S. 416 § 9) nicht oft und offen erklärt zu haben. - Nur gelegentlich verwendet er die schwülstigen Fachausdrücke wie „per Augmentationem" oder „per Diminutionem" (nach S. 417, § 16f.) in Satzüberschriften. - Könnte es nicht möglich sein, dass Bach im vertrauten Kreise sein Schlussstück Nr. XXIV) in technischer Terminologie beschrieben hat, um zu verschleiern, dass sich die (nun wirklich) „Letzte Fuge" an die frühere Bearbeitung eines Chorals anlehnen sollte? - Der fugenbeschreibende Satz im „Nekrolog" scheint mir genau treffend auf den letzten Werkteil Nr. XXIV zu passen, also auf den „Choral" (BWV 668), der in der Cembalo-Ausgabe (1998) unter der Überschrift noch den Vermerk trägt: „Von den Herausgebern des Originaldrucks hinzugefügtes Schlußstück".

Die Geschichte der Erforschung des letzten Fugenwerkes von Johann Sebastian Bach muss allerdings weiterhin genau verfolgt werden, da sie zu vielen scharfsinnigen und recht geistvollen Lösungen der Teilprobleme des Zyklus von Kompositionen geführt hat. Festhalten sollte man aber m. E. die Warnung vor einer Vermischung von Aussagen der Quellen über die beiden letzten Fugen. In der Umgebung von Carl Philipp Emanuel Bach war die Rede von einer (unvollendeten) Fuge über drei Themen, und von einer weiteren Fuge, die vier Themen haben sollte, und alle vier Themen sollten „umgekehrt werden".

Drei und vier Themen zusammen ergeben eine Anzahl von sieben Themen. Das Avertissement sagt nichts über die Umkehrung von den 3 Themen der torsohaften Fuge (Nr. XXIII). Tatsächlich werden von ihnen auch nur zwei „umgekehrt": Das ausladende Stile-antico-Thema zuerst im Tenor, ab Takt 72. Darauf antwortet (T.79) die Sopranstimme, welche (von T.81 ab) im Alt von der ursprünglichen, aufwärts gerichteten Version des Themas begleitet wird. Mit der Themen-Urform setzt in B-Dur (T.89) der Bass neu ein, und einen Takt (90) später beginnt die Tenorstimme mit der forma inversa. Das Spiel wird fortgeführt bis zu den Takten 97 (bzw.99) und dem Abschluss T.102 (bzw. 104), worauf die Überleitung zum Zweiten Thema (ab T.114) folgt, - und dieses Thema wird nicht „umgekehrt". -

Anders dagegen das Dritte Thema „b-a-c-h" (in den Takten 213 und 222). Man vergleiche hiezu Walter Kolneder (a.a.O. S. 204-209), in seiner ebenso genauen wie anschaulichen vorläufigen Analyse von „Contrapunctus XXIII" (=BWV 1080/ 19) mit Notenbeispielen zu den Abwandlungen der Themen I und III, und (S. 280 - 327) die problemorientierte Spezialuntersuchung „Die Schlußfuge".

In der „Fuge Nr. XXIV" (BWV 668) wird die Choralmelodie für Strophen mit vier Verszeilen (erstmals Genf 1543 gedruckt) als eine Reihe von vier Themen behandelt, und Bach hat über jedes dieser Themen eine kurze Fuge erdacht: Die vier Fughetten beginnen jeweils einstimmig in den Takten 1, 11, 22 und 31. Die „Umkehrung" der zum Thema genommenen Liedzeile begleitet jeweils kurz darauf das Thema in dessen „forma recta", bevor die Bass-Stimme nach zwei bis vier Takten hinzutritt und die Liedzeile etwas variiert. In langsamerem Tempo legt sich (von den Takten 8, 17, 29 und 40 ab) die Sopranstimme über das klangvolle Stimmengeflecht. (Vgl. Kolnd. S. 328-334 und das Notenbeispiel Nr.5, unten S. 18 bis 20).

Notenbeispiel Nr. 5: Übergang von XXIII zu XXIV (nach H. Dieners Studien-Partitur; Kassel 1956). Takte 239-242 ergänzt v. Verf. W. E. (vgl. oben S.7).

Tripelfuge XXIII

Notenbeispiel Nr. 5: Fortsetzung

Notenbeispl. Nr. 5; 2. Fortsetzung im Clav.-Satz von Kl. Hofmann; Kassel 1998

Takt 31-45

Cap. IV. Schwerpunkte der Forschung zwischen 1850 und 1932: Gustav Nottebohm und Wolfgang Graeser.

„Das Spiel der willkürlichen Reihungen" von den Stücken der Kunst der Fuge habe, so sagt W. Kolneder (a.a.O. S. 507), der Thomaskantor Moritz Hauptmann (1792-1868) 1841 (Mit seinen „Erläuterungen zur Kunst der Fuge") eröffnet. Die beiden letzten Stücke zählt er nicht zum gesamten Werk. Darin folgt ihm Philipp Spitta 1880 (Vgl. Kolnd. S. 519 und S. 281 - 284). Einen Aufsatz von Gustav Nottebohm (um 1881) gegen Argumente von Spitta hält Kolneder (nach S. 521 und 284-289) für überzeugend, weil darin gezeigt wird, dass sich das Hauptthema des Werkes mit den drei Fugenthemen in Nr. XXIII kombinieren lasse, was Bach im Sinne gehabt haben müsse. Hugo Riemann nimmt Nottebohms Gedanken auf und erreicht hohe Auflagen mit seinen Büchern. (Interessante und auch seltsame Notenbeispiele bei Kolnd. S. 285 - 293).

In der Folgezeit festigt sich die Überzeugung vom Unwert der beiden letzten Stücke der Kunst der Fuge zu einer fast unumstößlichen Gewissheit. Eine neue Erscheinung sind Versuche, die Fuge Nr. XXIII zu ergänzen oder zu vervollständigen (Vgl. Kolnd. S. 524-533); besonders eine „Fantasia contrappuntistica" von Feruccio Busoni aus dem Jahre 1910 (S. 529) fällt auf. Kolneder enthält (S. 301 - 327) ein Kapitel „Die Fertigstellung der Schlußfuge", wo er auch die Komposition von Busoni eingehend beschreibt (a.a.O. S. 307ff.). - Kolneders „Kritische Chronologie" (Teil IV seines Werkes S. 455 bis 649) fügt in die Geschichte der Erforschung von Bachs Kunst der Fuge einen im wesentlichen biographischen Abschnitt ein: „1923-1928 Wolfgang Graeser und die Kunst der Fuge" (S. 534 - 579), der das kurze Leben eines hochbegabten und geistig regsamen Menschen als Tragödie beschreibt. - Seit 1923 fixierte sich das Interesse des sechzehnjährigen auf Bachs spätes Werk, das er mit Freunden im Streichquartett musiziert. - Bald darauf nahm er sich vor, „dem Werk die ihm gebührende Stellung im musikalischen Bewusstsein seiner Zeit zu sichern." (S. 535). Durch Briefwechsel mit berühmten Männern seiner Zeit - „Spengler, Schweitzer und Albert Einstein" (S. 536), - durch Auftritte ohne jede Scheu vor der Öffentlichkeit, durch angestrengte Arbeit auf vielen Gebieten „und in einer geradezu manischen Besessenheit von seiner Idee" (ebenda) hat Graeser am 26 Juni 1927 sein Ziel erreicht: mit einer orchestralen Aufführung des Werkes in der Leipziger Thomaskirche. Karl Straube und Hans Weisbach hatten Wolfgang Graeser (1924/25, nach Kolnd. S. 540) bei der Instrumentierung beraten.

Kolneder beschreibt (a.a.O. S. 539-547) die Widerstände, die für die Leipziger sog.„Uraufführung" überwunden oder überspielt werden mussten. Sie haben den sensiblen - und sehr unternehmungslustigen! - begeisterten Freund der *Kunst der Fuge* überfordert, überlastet im Jahr nach der Leipziger Aufführung, (die im November 1927 in Düsseldorf in Graesers Anwesenheit wiederholt worden ist), aufgerieben und seine Lebenskraft erschöpft. Kolneder schreibt dazu (S. 537): „Am 13. Juni 1928 macht er seinem Leben selbst ein Ende. 'Ein beispiellos begabter Einundzwanzigjähriger, der Großes geleistet hat und zu größten Hoffnungen berechtigt ist, verzichtet deshalb allein, weil er in einer trüben Periode stockender schöpferischer Produktion krankhaft den heillosen Gedanken faßt, er könne nichts mehr leisten.' sagt (Hans) *Zurlinden* 1935 im Gedächtnisbüchlein über (Wolfgang) Graeser (dem die Darstellung hier weitgehend folgt)." - Man vgl. zu „Zurlinden" die Bibliographie (a.a.O. S.944).

In seinen fruchtbaren, wenn auch in Übersteigerungen verbrachten letzten Lebensjahren (1925-1928) stand der Münchener Kritiker *Willi Schmid* Graeser „insbesondere in musikalischen Fragen sehr nahe" (Kolnd. S. 537). Er hat jahrelang mit Graeser einen „sehr aufschlußreichen Briefwechsel" geführt, aus welchem Kolneder einige Zitate mitteilt. Es zeigt sich darin, wie hoch Willi Schmid die Leistungsfähigkeit des jüngeren Freundes einschätzte, und wie genau er auch dessen Schwächen und Gefahren erkannte und ihn darüber in Offenheit und mit Vertrauen ansprechen konnte: „Am 8. Juni 1927 schreibt er an den Freund, '....Du kannst absolut überzeugt sein, daß Du richtigere Erkenntnisse des Wesentlichen hast. Bloß müssen diese Erkenntnisse so formuliert, so aufgebaut, so drastisch bewiesen werden, daß niemand mehr daran zweifeln kann. Es handelt sich also um eine neue geistesgeschichtliche Begründung und Darstellung unserer Bacherkenntnis, die, intuitiv vorhanden, nun auch mit allen Mitteln der Wissenschaft rational begründet und dargestellt werden soll. Erst mit den durch die historische Kleinarbeit erworbenen Kenntnissen hat man festen Grund unter den Füßen. ...' " Es folgen weitere Vorschläge für eine gemeinsame „Bacharbeit" (Schmid bei Kolnd. S. 539). -

In den Jahren 1925/26 zerschlugen sich Aufführungspläne in Essen, Leipzig und München; aber Graesers Partitur der Kunst der Fuge erscheint (1928) als Teil der GA. (Kolnd. S. 540f.). Im Vorwort dazu blickt „W.G." auf die Leipziger Aufführung in seiner „instrumentierten Fassung" S. (2) zurück (Mein Nachdruck durch VEB Messe und Musikaliendruck Leipzig (o. J.) dürfte das Original genau wiedergeben (W. E.)).

Kolneders Forschungsbericht für die Jahre 1927-1929 füllt die Seiten 541-580 mit begeisterten Konzertberichten und zurückhaltenden Kritiken, mit Erwägungen von Musikwissenschaftlern, Äußerungen von Zweifeln an Bach und an vielen seiner Interpreten. - „Anonym" erschien 1928 in der Allgemeinen Musikzeitung 1928/1128 die Besprechung eines Berliner Sinfonie-Konzerts (unter Erich Kleiber, Kolnd. S. 574f.), die große Ratlosigkeit vor dem Werk von Bach, seinem Bearbeiter Graeser und dem Dirigenten preisgibt: „Die völlige Konzertunfähigkeit nimmt dem Werke gleichwohl nicht seine musikalische Weltbedeutung, die nicht etwa von Museumsart und fossiler Natur ist, sondern auf lebendigem, stets gegenwärtigem Werte beruht . . .".

Kolneder zeigt in seinen Zitaten nur mögliche Reaktionen auf Graeser und Straube sowie auf deren Gegner. Er ergreift nicht Partei, sondern zeigt Schwächen in den beiden sich bildenden Lagern (z.B. S. 542): „Die am 'Dienst an Bach' ach so Geläuterten haben also 'heimtückische Angriffe' gegen Graeser und damit gegen die Aufführung eines Bachschen Werkes geführt. Dabei hat ihnen aber Graeser selbst genug Waffen in die Hand gegeben durch seine geringe Vertrautheit mit dem musikwissenschaftlichen Handwerkszeug, auf die ihn schon Schmid aufmerksam gemacht hatte. Es muß bei aller Wertschätzung seiner Tat festgestellt werden, daß wohl niemals in der Geschichte des Bachjahrbuchs eine so sehr mit Dilettantismus durchsetzte Arbeit publiziert wurde wie im Bachjahrbuch 1924." -

Obwohl Kolneder den Dilettantismus und das Ungenügende an Graesers Bemühungen erkennt und zugibt, hält er sein Wirken insgesamt doch für verdienstvoll. Zeitdokumente, die seiner Haltung entsprechen, werden (aaO. S. 570 - 600) in großer Zahl vorgelegt. Sie schildern eindrucksvoll die Stimmung, in welcher ein neuer Versuch der Annäherung an Bach bald begrüßt und bald angezweifelt worden ist. Das wissenschaftliche Verständnis für die Versuche mit dem damals nur wenig bekannten Werk hat sich dabei kaum erweitert.

Offen für Neuerungen erweist sich Dr. *Willi Schuh* (1929 in der Schweiz. Musikzeitung p.223) über W. Graeser: „Wie alle Bearbeiter hat er unrecht - es ist nicht anders möglich. Über die praktische Ausführung der Kunst der Fuge ist wohl so ziemlich jede Ansicht vertreten worden, ... Die Graesersche ist unbachisch ganz gewiß. Und doch, ist einer der Hörer unergriffen davongegangen, ohne den Eindruck tiefsten Erlebnisses ?" (bei Kolnd. S. 579).

Für 1938 zitiert Kolneder (S. 599) *Walther Vetter* „Johann Sebastian Bach. Leben und Werk" (Leipzig 1938, S. 95) : „Das seltsame Schicksal eines der großartigsten, freilich auch schwierigsten Werke der musikalischen Weltliteratur ist nur durch den nicht minder merkwürdigen Umstand zu erklären, daß Bach nach seinem Tode sehr bald in Vergessenheit geriet . . . Erst seit der denkwürdigen Berliner Uraufführung der Matthäus-Passion 1829 begann man sich auf Bach zu besinnen. Aber für die 'Kunst der Fuge' war auch damals die Zeit noch lange nicht gekommen." - Kolneder kommentiert den Abschnitt etwas bissig (a.a.O. S. 600): „Das war die allgemeine Meinung. Sie wird widerlegt durch die zahlreichen Belege aus der 2. Hälfte des 18. Jahrhunderts, durch die vier Partiturdrucke zu Beginn des 19. Jahrhunderts, durch die über 20.000 Käufer der Czerny - Ausgabe bis zum Jahre 1926. Die Zeit war auch 1924 'noch lange nicht gekommen', weil Kollegen Vetters die Aufführung hintertreiben konnten."

Ein wichtiger Abschnitt von W. Kolneder betrifft das methodische Vorgehen von Wolfgang Graeser, den er vor zu heftigen Anfeindungen seiner Kritiker in Schutz nimmt (a.a.O. S.547): „In vielen Programmen der ersten Zeit wird ausdrücklich von 'Neuordnung und Instrumentation' gesprochen, es ist wichtig, diese beiden Leistungen Graesers zu trennen, um sie richtig beurteilen zu können. Die 'Neuordnung' wurde in diesem Buche bereits ausführlich behandelt, bleibt noch die Instrumentation zu betrachten. Dabei ist aber zu berücksichtigen, daß Graeser mehrfach geändert hat, offenbar hat er Einzelheiten als problematisch empfunden und war ohne weiteres bereit, guten Ratschlägen zu folgen." Kolneder beschreibt auf den folgenden Seiten (a.a.O. S. 548 - 551) die Instrumentation für die Leipziger Aufführung, die bis zu Graesers Tod oft noch verändert und nicht als fertig betrachtet wurde, und er kommt (S. 553) zu folgender Beurteilung: „Graesers Instrumentation und sein Aufführungsstil waren sicherlich zeitbedingt, aber nur in dieser Gestalt hatte das Werk eine Chance bei einem Publikum anzukommen, das in der Welt etwa Schrekers lebte und allmählich die Sinfonik Bruckners und Mahlers apperzipierte."

Im Anschluss hieran teilt Kolneder (S. 554 - 580) zeitgenössische Musikdokumente und häufig zustimmende kritische Berichte mit. Darin ist besonders eindrucksvoll ein Brief von Alban Berg aus Zürich an seine Gattin vom 24. bis 26. März 1928 über eine „Kunst der Fuge"-Aufführung unter Scherchen mit den Sätzen: „Gestern Bachs 'Kunst der Fuge'. Herrlich !! Ein Werk, das bisher für Mathematik gehalten wurde, von einem jungen Deutschen instrumentiert: tiefste Musik !! . . . Danach in Schwyzer Gesellschaft und mit Scherchen samt seiner neuen Frau. Erst sehr spät ins Bett." (Kolnd. S. 577).

Die „Neuordnung" der 24 Fugenbeispiele durch Graeser ergibt sich am deutlichsten aus der Tabelle von „Reihungen" in etwa 90 Ausgaben bei Kolneder (a.a.O. S. 236-241), unter welchen Graeser an fünfter Stelle nach dem Erstdruck aufgeführt wird. Von 1 bis 12 und bei XXIII f. entspricht die Anordnung dem Erstdruck, Contrapunctus XVI ist ausgelassen, und die Canones mit dem Rest der Exempel sind willkürlich angeordnet. Walter Kolneder tritt sehr häufig für die Beibehaltung der Reihung im Erstdruck ein.

Es ist unverkennbar, dass Walter Kolneder in Wolfgang Graeser eine der wichtigsten Persönlichkeiten für die gesamte Forschungsgeschichte von Bachs „Kunst der Fuge" sieht, obwohl er ihn in vielen Punkten kritisiert. Den tragischen frühen Tod des jungen Bachforschers bedauern wir mit Kolneder, der (a.a.O. S. 537) in einer Anmerkung auch vom tragischen Ende des Münchener Kritikers Willi Schmid berichtet: „Mitglied des Münchener Violenquintetts und Opfer eines 'Justiz' - Irrtums gelegentlich des Röhm - Putsches in München im Jahre 1934."

Eine weitere tieftraurige Anmerkung (auf S.312) meldet: „Die hinterlassenen Schriften Graesers, seine Entwürfe und Skizzen sind in Leipzig bei einem Bombenangriff verbrannt (Auskunft von Graesers Schwägerin Frau Hanna Graeser)".

Notenbeispiel Nr. 6; a & b (c & d s. unten S. 26f.): „Wie schön leuchtet.....".
Die ersten drei Verszeilen in F-Dur (nach Johannes Mattheson; vgl. unten S.38).

Wie schön leuch - tet der Mor - gen - stern voll Gnad und Wahr - heit von dem Herrn, die sü - ße Wur - zel Jes - se!

b: TP Hermann Diener zu a Vgl. u. S. 37f.

Bach hat den gesamten Eingangsteil einer Choralmelodie in seiner Fuge auskomponiert, in F-Dur, und in drei verschiedenen Geschwindigkeiten. Die Teilstücke beginnen T.25 im Alt, T.27 im Tenor und T.28 im Sopran. (Vgl. S.27).

Notenbeispiel Nr. 6c: Contrapunctus a 4 *In Stylo Francese* in Bachs Handschrift.

Notenbeispiel Nr.6c: Bachs früheste (erhaltene) Niederschrift (im MS P 200 Blatt 8f. T. 25-29) der Fugenkomposition mit der kurzen Überschrift (vor der Notenzeile 9): 'vii'. - Im Erstdruck (Leipzig 1752; S.16-18) erscheint diese Fuge mit dem Titel: „Contrapunctus 6 a 4 in Stylo Francese". Die Taschen Partitur TP 26 (C. Bärenreiter 1956) von Hermann Diener gibt nur ganz wenige Verbesserungen (s. oben S. 25; Notenbeispiel Nr.6b) der Druckfassung gegenüber der Handschrift wieder. Der Triller T.31 z.B. wird nicht in den Erstdruck übernommen.

Notenbeispiel Nr. 6d (Als Hilfe zur Auffindung des versteckten Chorals):

Im Erstdruck (S. 16) steht über der Fuge (nach Kolnd. Nr. VI) die Überschrift: "Contrapunctus 6 a 4 in Stylo Francese".

Gerd Zacher macht in seinem Aufsatz "Über den Rhythmus "In Stylo Francese"". (Musik Konzepte 79/80 S. 126-141) S.126 die Bemerkung: "Die nicht von Bach stammende Überschrift des Contrapunctus VI in schlechtem Italienisch ist ein Hinweis darauf, daß vielleicht jemand von der Sache selbst nicht genug verstand". - (Der MK.-Bd. enthält 12 Aufsätze von G. Zacher zu Bach; von 1987 bis 1992). Zacher ist an den Zahlenverhältnissen des Goldenen Schnittes interessiert, die Bach nach seiner Vermutung durch Notenlängen habe darstellen wollen.

Notenbeispiel Nr. 7: Faksimile der Handschrift von Bachs Fugenschluss (XXIII).

Abbildung nach Werner Neumann „Bach – eine Bildbiographie" München 1960 (Copyright by Kindler Verlag); S.121 mit Begleittext. - Das vom Tintenfraß befallene Blatt wird in alten Nachbildungen deutlicher erkennbar als in neueren Büchern. - Der Claviersatz steht im oberen System im Sopranschlüssel, der das c' in der unteren Notenlinie hervorhebt. Das mit einer fünfspitzigen Rastrierfeder linierte Blatt (in der originalen Größe von 33,3 auf 20,2 cm) erweckt den Eindruck, dass sein Urheber beim Schreiben übermüdet oder verstört gewesen sei.

Ein Bild des gealterten Bach, das inzwischen verschollen ist, zeigt einen müden und von seiner Krankheit geplagten Mann. - Schön wiedergegeben ist das Bild im dtv Taschenbuch Nr. 2946 von Hans Joachim Schulze (C 1975 Leipzig) „Bach: Leben und Werk – dtv Dokumente" auf der vorderen Umschlagseite. - Dasselbe Bild zeigt auch die Rowohlt Monographie „Johann Sebastian Bach – mit Selbstzeugnissen und Bilddokumenten dargestellt von Martin Geck (C 1993 Reinbek bei Hamburg) auf S.129, links unten; (als Quelle des Bildes wird a.a.O. S. 160 das „Bildarchiv Preußischer Kulturbesitz" genannt).

Cap. V. Die „Kunst der Fuge" nach dem Zweiten Weltkrieg.

Die großen Ereignisse in der Erforschung der Kunst der Fuge vor der Diktatur in Deutschland waren, wie es sich in Kolneders Sammlung von Zeitdokumenten spiegelt, zum ersten: Aufsätze von Gustav Nottebohm „In der 'Allgemeinen Musikalischen Zeitung 1870 p.71'." und in der „Zeitschrift 'Musik-Welt' 1.Jg. 1880/81 p.232-236 und 244-246. (Die Lit. Angaben und Zitierungen bei Kolnd. S. 517 u.522). Und dann zweitens: Wolfgang Gräser (s. oben S. 21-24).

1. Kolneder fasst die Hauptaussage des Beethovenforschers Gustav Nottebohm (1817-1882) kurz zusammen: „Er knüpft an Spittas Behauptung an, die Schlußfuge gehöre nicht in das Werk von Bach, und sagt, es sei zwar richtig, daß das Fragment das Hauptthema nicht enthalte, aber im Plan dieser Fuge sei es für später vorgesehen gewesen. Dann gibt er 23 Notenbeispiele, die von seinem Kombinationsvermögen ebenso Zeugnis ablegen wie von seiner Bachkenntnis." - Im Jahre 1870 hatte Nottebohm auf eine „wichtige Stelle aus Marpurgs 'Kritischen Briefen' aufmerksam" gemacht. (Die Stelle wird bei Kolneder zum Jahre 1760 auf S. 471f. zitiert).

Kolneder führt viele Belegstellen aus der früheren Musikforschung in zwei Abschnitten seines Teiles „III Spezialuntersuchungen" an unter „Die Schlußfuge" (a.a.O. S. 280–300) und „Die Fertigstellung der Schlußfuge" (S. 301–327). Kolneders Schlusssatz der zuerst genannten Betrachtung klingt skeptisch (S. 300): „Wie man sieht, ist im Niemandsland um die Schlußfuge Raum für viele Meinungen".

2. Die folgende Spezialuntersuchung geht anfangs (Kolnd. S. 301) auf Wolfgang Graesers Forderung nach einer Fertigstellung (1924 auf dem Basler Kongress und im BJ) ein und zitiert aus dem Bachjahrbuch 1924 „Es besteht kein Zweifel, daß Versuche unternommen werden müssen, um zu brauchbaren Vorschlägen für eine Ergänzung zu gelangen, da eine volle ästhetische Wirkung nur eintreten kann, wenn das Ziel, die Verbindung der vier Themen, verwirklicht worden ist". Walter Kolneder bespricht (a.a.O. S. 301 - 327) 20 bekannt gewordene Lösungsversuche, „die natürlich von Puristen allesamt abgelehnt werden," - obwohl sie auch „eine gewisse Berechtigung" haben könnten; (vielleicht würde besser gesagt: 'dass solche Versuche interessant sein können').

Sehr sympathisch äußert sich der Domorganist *David Pizarro* in New York, der seine Ergänzung (Nr.19) im Jahre 1968 erstmalig in einem Museum gespielt hatte, in einem Brief an Walter Kolneder (a.a.O. S. 324f.) über „eine Vollendung der letzten Fuge": „In diesem Falle habe ich *nur* Kontrapunkte von Bach selber benutzt, und das Ganze mit 40 Takten vollendet. Diese Version habe ich in meinem Privatbesitz, und sie ist weder im Druck noch auf Schallplatten zu kriegen."

Zum Schluss der Schilderungen von Ereignissen um W. Gräser zitiert Kolneder (a.a.O. S. 579f.) aus einem Aufsatz von *Oskar Lang* (1929; vgl. bibliografische Angaben S.902) ein ausgleichendes Urteil über die Wirkung von Graesers Arbeit: „Inwieweit nun Graeser mit seiner Neueinrichtung - die vor allem auch eine Neuaufstellung des Gesamtplans vorschlug - das Richtige getroffen hat, darüber gehen die Meinungen ziemlich weit auseinander." ... (Oskar Lang schildert dann einige Haupttendenzen) ... „Wie dem nun aber auch sei, ob Graeser in dem oder jenem geirrt hat oder nicht, das ist letzten Endes ja nicht das Entscheidende; die Hauptsache ist, daß das erhabene Werk, das vorher mehr oder minder nur Buchweisheit gewesen war, nun unter uns lebendig wurde und ungeahnte Wirkungen auszulösen vermochte." - Die hiermit umschriebene Situation hat sich in den unmittelbar folgenden Jahren kaum verändert. Allerdings wurden bald ähnliche Experimente von anderen Musikern gewagt. W. Kolneder schildert als frühestes Beispiel einer solchen Entwicklung (a. a. O. S. 555 - 562) die Versuche *von Hans Theodor David* (1902-1967). - *Hermann Scherchen* wirkt schon 1928 mit einer Aufführung in Winterthur als Pionier für Graesers Instrumentierung (Kolnd. S. 570; vgl. auch S. 604, 615 und 623 zu den folgenden Jahren bis 1963). In der Liste von Aufführungen, die Scherchen dirigierte, ist er 1958 in Buenos Aires, Teatro Colon verzeichnet (a.a.O. S. 746).

Es ist sachgemäß, dass Walter Kolneder auf seine (IV) „Kritische Chronologie" einen Teil (V) „Die Aufführungen" folgen lässt. Die darin auftretenden Namen von Dirigenten erscheinen oft auch als Namen von Herausgebern der „Kunst der Fuge" noch einmal, zum Beispiel in der Liste (S. 236-241) von etwa 112 Editionen des Werkes als Partitur oder Klavierauszug, (nicht chronologisch, sondern im allgemeinen alphabetisch geordnet). Unter den Schlussstrich der Namenreihe schreibt Kolneder: „insgesamt 88 Reihenfolgen", denn er verzeichnet hinter jedem Editoren-Namen die von ihm gewählte Reihenfolge der 24 Beispiele, die jeweils mit seinen römischen Zahlen (I - XXIV) bezeichnet sind. Die Tabelle gibt auch zu erkennen, welche Exempel der jeweilige Bearbeiter in seine Edition *nicht* aufgenommen hat. Ein (S. 450 - 453) am Ende des Teiles (III) *„Spezialuntersuchungen"* verstecktes Verzeichnis „Ungedruckte Bearbeitungen" nennt die Namen von Bearbeitern des Notentextes, die ihre Arbeiten nicht publizieren konnten oder wollten. Es finden sich auf jener Liste die berühmten Namen *Herbert von Karajan* (1950) und *Helmut Bornefeld* (1974), während der oben erwähnte David Pizarro (1968; s. oben S. 29) nicht in die Liste aufgenommen ist.

Die Liste von Aufführungen umfasst die Seiten 659 (1922 - 1928) bis 839 (1976, zuletzt im Wiener Stephansdom) und Nachträge S. 945 – 949 (zuletzt in: „Eisenach, 125. Wartburgkonzert im Festsaale der Wartburg, Direktübertragung durch 'Stimme der DDR' am 27. August 1977 (Orchester *Pillney* mit Fertigstellung der Schlußfuge), Ka. Orch. Berlin, Ltg.: GMD *Heinz Rögner*".

Die Bearbeitungs- und Aufführungsverzeichnisse spiegeln Diskussionen über die „Kunst der Fuge" wieder, die wohl noch kein ganz überzeugendes Ende erreicht haben. Bis zu Graeser wurde der „Schlusschoral" (XXIV) weggelassen. Nur *Erich Schwebsch* (Linz 1934), *Karl Münchinger* (Stuttgart 1946) und *Rudolf Baumgartner* (Zürich 1951) ließen ihn spielen.

Rudolf Barchai ist (Kolnd. S. 236, 451, 755 u.ö.) mit einer ungedruckten Bearbeitung, die den Schlusschoral enthält, und mit einer Ausführung (1961) in Moskau erwähnt. In der UdSSR gab er mit seinem „Ka. Orch." weitere Konzerte, und bei Kolneder (a.a.O. S.336) ist eine Schallplatteneinspielung aufgeführt.

Interessant ist ein Zitat von *Karl F. Wengert* (aus der „Heilbronner Stimme" vom 21. 4. 1975, nach Kolnd. S.646) über eine Aufführung der Bornefeldschen Bearbeitung: „Die 'Kunst der Fuge' einzig und allein als das Nonplusultra des Kontrapunktes zu betrachten, ist objektiv richtig, ermöglicht aber keinesfalls ein Verstehen. Es kann niemals die Absicht Bachs gewesen sein, zu zeigen, was technisch möglich sei. Vielmehr ist das Werk eine ergreifende Selbstdarstellung, eine gewaltige Manifestation des geistigen Ich." Nach einem längeren Zitat von *Willi Apel* („Bachs Kunst der Fuge" in „Die Musik" Okt.1929, S. 281) sagt Walter Kolneder (a.a.O. S.331): „So hat sich der Schlußchoral bis in die jüngste Zeit gehalten, 1974 sagte Helmut Bornefeld:'. . . daß die Kunst der Fuge nur mit ihm würdig ausklingen kann . .' (Vorwort zur Partiturausgabe, vgl. Bibliographie bei Kolnd. S.861)".

In den reichhaltigen Sammlungen bei Kolneder ist jedoch zu bemerken, dass Bachs Schlusschoral überwiegend als ein unpassendes Stück in dem Fugenzyklus empfunden worden ist. Das Abbrechen der vorhergehenden Tripelfuge hat diese Zweifel nach der ersten Verbreitung des Werkes bis um 1802 nachhaltig verstärkt. (*Die Vogt-Ausgabe*, - s. oben S.13 - ist lange Zeit die letzte Edition des Werkes mit der Nr. XXIV „Choral" geblieben).

Kann man sich damit begnügen, diesen weit verbreiteten Zweifel gelassen hinzunehmen? - Mit dieser Frage verbindet sich die weitere Frage, ob der traditionelle Zweifel uns ein Recht gibt, den überlieferten Notentext in den Aufführungen oder Spielausgaben und in Einspielungen einfach zu überspringen? Man sollte sich wohl doch über den Gesamtaufbau des Werkes und auch über einen möglichen Anlass für Bach, es zu komponieren, erneut Gedanken machen.

Seit dem Bach-Jahr 2000 steht Menschen, die an Bachs Leben und seiner Einwirkung auf die Musikgeschichte interessiert sind, eine meisterhafte Biographie von Christoph Wolff zur Verfügung, deren Prolog (S. 1-11) mit einem Wort von *Christian Friedrich Daniel Schubart* (1784/ 85) überschrieben ist: „Was Newton als Weltweiser war, war Sebastian Bach als Tonkünstler" –

Christoph Wolff springt in Bachs 52stes Lebensjahr (im Mai 1737) ein mit einem Bericht über Angriffe gegen Bach, die sich ein „Emporkömmling namens *Johann Adolph Scheibe"* in der Zeitschrift *Der Critische Musicus* erlaubt hatte. Bach lässt sich vom Rhetorikdozenten *Johann Abraham Birnbaum* verteidigen, doch die Zeitungsfehde greift weiter um sich und erreicht *Johannes Mattheson* in Hamburg, der sich auf die Seite des Bachkritikers Scheibe stellt. - Eine lange Bekanntschaft zwischen Mattheson und Bach ergab sich, wie Christoph Wolff berichtet, „ungefehr im Jahr 1722". Damals besuchte Bach in Hamburg den Organisten *Johann Adam Reinken* und fand dabei die Bewunderung von Mattheson (Wolff a.a.O. S.232-236). Für die Jahre um 1730 schildert Wolff ein kollegiales Verhältnis zwischen Bach, Mattheson, *Graupner* und anderen Musikern (a.a.O. S. 450). Aber in seiner 1740 erschienenen Sammlung von Musikerbiographien greift Mattheson herabsetzende Berufsbezeichnungen, die Birnbaum getadelt hatte, wieder auf, wie Wolff (S.2) berichtet. Nach Wolff (S. 2 mit Anm. 5, und in Anm. 3 auf S. 542) hatte Bach den Kollegen Mattheson verärgert, indem er „nie auf die 1719 und noch einmal 1731 geäußerten Bitten Matthesons um eine Autobiographie (reagierte). Vgl. (Hans Joachim) *Schulze* 1981." In dessen Beitrag (zum Bachfest-Symposium 1978) „Über die ‚unvermeidlichen Lücken' in Bachs Lebensbeschreibung" (a.a.O. S. 32-42; bes. S.35) werden Vermutungen über Bachs Weigerung erörtert, doch kein belegbarer Grund gefunden. - Da hier öfters das Spannungsverhältnis seitens Bachs gegen Mattheson berührt werden muss, sind Wolffs Hinweise zu dem Konflikt in Bachs Lebensweg von Belang. (Man vgl. Wolffs Schilderungen a.a.O. S. 462ff.).

Wichtiger noch ist von Christoph Wolff das Buch von 1968 „*Der Stile Antico* in der Musik Johann Sebastian Bachs – Studien zu Bachs Spätwerk". Wolff schildert Bachs Arbeit an handschriftlichen Notenbeständen der Thomasschulbibliothek, die er teils für sich abschreibt, teils auch bearbeitet, um Anregungen aus einer viel früheren Periode (etwa von *Palestrina*; 1525-1594) aufnehmen zu können. Wolff sagt über Bachs Vorgehen (S.157f.): „Es geht Bach mit dem Aufgreifen des stile antico nicht um das Erproben alter Regeln, sondern um das Gewinnen neuer musikalischer Mittel." - und kurz danach: „Damit steht jedoch der stile antico J.S. Bachs nicht außerhalb der musikgeschichtlichen Zusammenhänge seiner Zeit, sondern als ein einsamer Höhepunkt mitten darinnen".

Cap. VI. Erwägungen über Bachs Absichten im letzten Fugenwerk.

Johannes Mattheson schreibt im „Sechsten Haupt=Stück." seines Buches: „*Der vollkommene Capellmeister*", das in der Kurzform den Titel trägt „*Von den Klang=Füssen*" in §5 (S.161): „Bey der gegenwärtigen Gelegenheit, will ich doch, ehe wir weiter gehen, mein an einem anderen Orte gegebenes Versprechen richtig halten, und mit deutlichen, iedermann bekannten und in die Sinne fallenden Exempeln beweisen, wie man, vermittelst der blossen Klang=Füsse und deren Veränderung, ohne den Gang der Melodien an ihm selbst, ohne den Ton oder Klang im geringsten zu vertauschen, aus Kirchen=Liedern allerhand Täntze, und wiederum aus diesen lauter Choral=Gesänge machen könnte, wenns nöthig und nützlich wäre. Das Experiment ist neu, und wir machen es in keiner andern Absicht, als die ungemeine Krafft der Rhythmopöie darzulegen, um dadurch zu weiterm Nachdencken Anlaß zu geben." (S. unten S. 37 das Notenbeispiel Nr. 8; Abb. der Seite 161 aus Matthesons Buch).

Die beiden ersten von sieben Beispielmelodien, welche Mattheson zu Tänzen - nämlich einem Menuett und einer Gavotte - verarbeitet, stehen unter dem zitierten Abschnitt. Es sind die Choralmelodien (A) „Wenn wir in höchsten Nöthen etc." und (B) „Wie schön leuchtet etc." - Besonders die zweite Melodie hatte Bach sein Leben lang oft und sehr schön vertont, und auch mit der ersten Melodie war er vertraut. Der Gedanke, dass man aus solchen Melodien „allerhand Täntze" machen solle, dürfte den gealterten Kirchenorganisten berührt haben wie eine lächerliche Anmaßung. Mattheson äußert sich übrigens häufig recht abfällig über Choräle (wie z.B. a.a.O. S.7 § 33 und S.171 § 4).

Es könnte sein, dass Bach beim Lesen in Matthesons Buch die Gegenüberstellung der beiden Melodien missbilligend, und doch zugleich belustigt, wahrgenommen hat, und dass er dabei, zunächst spielerisch, auf Kombinationsmöglichkeiten stieß, die seine eigene - gläubige! - Einstellung gegenüber Kirchenchorälen diskret zum Ausdruck bringen konnten.

Die erste Melodie hatte Bach schon viel früher für sein Orgelbüchlein bearbeitet. Dass der alten Melodie *Justus Gesenius* (1601-1673) einen weiteren Text unterlegt hatte, war Bach gewiss immer gegenwärtig, und er dürfte auch klar gesehen haben, dass die erste Strophe der Palinodie dichterisch weit besser ist als das übrige, sehr lehrhafte Gedicht, das Wolfgang Graeser in seiner „Studien-Partitur" (Breitkopf und Härtel, Leipzig 1928; S. 119) nachdrucken ließ.

Das zweite Lied, von *Philipp Nicolai* (1556-1599), hat Bach ungefähr nach Matthesons Anweisung behandelt und verfremdet, wenn auch nicht in einen Tanz. Seine Eingriffe gehen viel tiefer: statt der herkömmlichen Tonart D-Dur wählt Bach d-Moll, und er verarbeitet nur das Melodiestück für die erste Verszeile des dreizeiligen ersten Liedteiles, der zu den gleich gebauten Verszeilen 4-6 aller Strophen wiederholt wird. Bach hat das nachgestellte Subjekt des Satzes „der

Morgenstern" melismatisch umgestaltet, und dann wohl die ganze Verszeile (gemäß Matthesons §§ 7-9 auf S. 415f. im „Vollkommenen Capellmeister.") „umgekehrt". (S. oben S.16ff.). So entstanden zunächst zwei Versionen des Liedmotivs, deren erste von der Tonika bis zur Dominante (von d-Moll) führt, während die zweite, auf der Dominante a beginnende Version zur Tonika d zurückkehrt. Doch dann hat Bach die übereinanderstehenden Zeilenmelodien nach den ersten vier Halben Noten abgeschnitten und einen Sprung in die gegenläufige Melodie gemacht, so dass die Forma recta mit der Tonika beginnt und endet, während das Thema inversum auf der Dominante beginnt und auch wieder zu ihr zurückführt (vgl. unten das Notenbeispiel Nr. 9; S. 38).

Der Rückweg von Bachs Doppelthema zu dem Choral, der wohl die Anregung dazu gegeben hat, ist nicht leicht zu finden. Walter Kolneder stellt Erwägungen zur Herkunft an (a.a.O. S. 25f. und S. 91-102), die sehr lesenswert sind. Er geht von *Albert Schweitzers* berühmter Charakterisierung des Themas aus: „Interessant kann man es eigentlich nicht nennen; es ist nicht einer genialen Intuition entsprungen, sondern mehr in Hinsicht auf seine allseitige Verwendbarkeit und in Absicht auf die Umkehrung so geformt worden. . . . Es ist eine stille, ernste Welt, die es erschließt. Öd und starr, ohne Farbe, ohne Licht, ohne Bewegung liegt sie da; sie erfreut und zerstreut nicht; und dennoch kommt man nicht von ihr los." (Nach Kolnd. S.92; dort sind noch viele ähnliche Stimmen zitiert!). Kolneder weist auch auf Choräle wie „Aus tiefer Not schrei etc" als mögliche Vorbilder des Themas hin. - Doch er formuliert ein skeptisches, wenn nicht gar negatives Ergebnis seiner eigenen Überlegungen (a.a.O. S.101): „Ich glaube aber nicht an bewußte Übernahme, die Kerntöne können in allen Melodien nachgewiesen werden, die auf ähnlicher Struktur beruhen."

Ein Teilproblem der Frage nach der Herkunft des Hauptthemas der Kunst der Fuge - für die Beispiele I - XXII - bildet das Erste Thema der Fuge Nr. XXIII. Kolneder bemerkt dazu in seiner Analyse (S. 204 - 209) gleich zu Anfang: „Mit einem fünftaktigen Thema, in dem der Kopf des 'Ur' -Themas steckt, - soll man an eine neue Variation denken? - beginnt der Contrapunctus XXIII in Kontrast zu den vorausgehenden Kanons und vor allem zum Kanon Nr. XX." (= BWV 1080/17) - In vier Stimmen wird im Wechsel von Dux und Comes (Takt 1-21) „zunächst eine normale Exposition entwickelt, das kontrapunktische Gefüge wirkt bis zum Eintritt des Zweiten Themas ausgesprochen archaisch, es ist fast Palästrinensisch-Fuxischer Kontrapunkt." (Kolnd. S. 204).

Der von Kolneder oft zitierte *Marcel Bitsch* kommt (a.a.O. S.627) zum letzten Mal zu Wort mit zwei „Hypothesen" zur Tripelfuge (BWV 1080/ 19; nach Kolnd. Nr. XXIII). Die zitierten Hypothesen lauten: „1. Fuge 19 ist unvollendet. (Das ist unbestreitbar) 2. Das Hauptthema der Kunst der Fuge kommt in ihr nicht vor. (Das ist zweifelhaft. Wir sind im Gegenteil der Ansicht, dass das Anfangsthema von Fuge 19 nichts anderes als eine Variante des Hauptthemas ist . . .)".

Die zuletzt zitierten Betrachtungen führen uns zu der abgebildeten Stelle bei Mattheson zurück: Aus dem (hier S. 33 & S. 37; Melodie B) angeführten Choralbeginn entnimmt Bach zwei sich spiegelnde Melodien als das variierbare Doppelthema, das in beiden Versionen und in übereinstimmendem Rhythmus genau zwölf Töne umfasst, auf welche man den Choralanfang singen kann: „Wie schön leuchtet der Morgenstern!" Sieben Silben verteilen sich auf die ersten sieben Töne des Motivs bis zu den Silben *„Mor-gen"*, von den letzten fünf Tönen (in anderthalb Takten) wird die Silbe *„-stern"* getragen. Lässt man die Schleife auf den *„Stern"* weg, so behält man auch einen sinnvollen Satz: „Wie schön leucht' uns (?) der Morgen!" - Seine sieben Silben verteilen sich sehr schön auf die Melodie des Kopfthemas der Tripelfuge (a 3 soggetti). Die Kombination der beiden Parolen ergibt eine räumlich-zeitliche Anschauung von stimmungsvoller Pracht: die Venus als Morgenstern wird mit dem Sonnenaufgang durch den Tageshimmel überstrahlt. Der Tagesanbruch ist noch glanzvoller als der helle Planet, der ihn angekündigt hatte. Auch das verkürzte Thema erklingt in der Rectus- und in der Inversusform (vgl. Kolnd. S. 206 das Themenverzeichnis der Teilfuge XXIII a und unten S.38 unser Notenbeispiel Nr.9; a - e).

Die Anzahl der Themen-Töne - 12 und 7 - dürften, so wie man Bach kennt, eine symbolische Bedeutung haben. Kolneder zitiert zu dem Problem (a.a.O. S. 618) *Werner Tell* nach einem Aufsatz von 1957 in *„Musik und Kirche"* (S. 74 bis 80) mit Erläuterungen zu den „bekannten Symbolzahlen", unter welchen 12 und 7 besonders wichtig erscheinen. (Man kann im Neuen Testament bei Markus 8,19ff. ein ähnliches, wahrscheinlich unverstehbares Zahlenspiel finden). Walter Kolneder nimmt dazu (a.a.O. S. 619) als Musikwissenschafter kurz und prägnant Stellung: „Wenn das alles (scil. von Bach) beabsichtigt ist, so beweist das aber nur, daß Bach das Komponistenhandwerk so sehr beherrschte, daß er es sich leisten konnte, metamusikalische Spiele zu treiben, ohne je an Qualität zu verlieren. Dem *Musiker* sagt das alles gar nichts. Wenn mir ein Bachwerk nicht schon vor dem Abzählen etwas bedeutet . . . !" An der hier untersuchten Stelle erscheint mir nur wichtig, dass Bach in Verbindung mit dem vorgegebenen Choraltext wahrscheinlich die Themenverkürzung in Verbindung mit dem ebenfalls kürzeren Wortlaut wichtig erschienen ist. Die Bühne des innerlichen Erlebens wird anders beleuchtet. Damit wird der Schlussakt des musikalischen Werkes eröffnet: Die Werknummern XXIII und XXIV sind mitreißend und kurzweilig komponiert. - Die schmerzhafte Lücke am Ende der Tripelfuge verdeutlicht vielleicht einen gewissen opernhaften, mit der Tragik einer Handlung versöhnenden, Charakter des Geschehens im Finale, das an Mozarts Dramma Giocoso nach Molières Don Juan erinnert. Das Ende von Puccinis „Tosca" steht in derselben auf die *Griechischen Tragiker* zurückreichenden Tradition der Schauspielkunst, die einem individuellen und zugleich kollektiven menschlichen Bedürfnis der Selbstwahrnehmung entspricht.

Wenn Bachs Choralzitate andeuten sollen, dass auf den glänzenden Morgenstern der Sonnenaufgang eines neuen Tages folgt, so verbindet er damit eine Symbolbedeutung, die für jedes Menschenleben, - wie auch für sein eigenes Leben, - gilt. Mit dem Beginn eines neuen Morgens verbunden erwartet Bach seinen Eintritt in die Ewigkeit, die er sich als einen Himmelssaal in der Gegenwart Gottes vorstellen kann. - In wie vielen Kirchenchorälen ist ein solches Glaubensmotiv doch schon ausgedrückt worden! – (Vgl. unten S. 38 das Notenbeispiel Nr.9 c-e). -

Als „Zwischentext" steht ein sehr schöner Satz im neusten Kirchengesangbuch der Württembergischen Landeskirche (1. Auflage Stuttgart 1996; Seite 957) unter dem Lied 521: „O Welt, ich muß dich lassen, / ich fahr dahin mein Straßen / ins ewig Vaterland...":

> Ich glaube,
> daß wenn der Tod unsere Augen schließt,
> wir in einem Lichte stehen,
> von welchem unser Sonnenlicht
> nur der Schatten ist.
>
> Arthur Schopenhauer

Der tröstliche Text wird heute öfters in Todesanzeigen von trauernden Familien in der Tageszeitung nachgedruckt. -

Notenbeispiel Nr.8: Abb. der S. 161 aus Johannes Matthesson: „Der vollkommene Capellmeister." (vgl. oben S. 31-33).

161

§. 5.

Bey der gegenwärtigen Gelegenheit, will ich doch, ehe wir weiter gehen, mein an einem andern Orte[1] gegebenes Versprechen richtig halten, und mit deutlichen, iedermann bekannten und in die Sinne fallenden Exempeln beweisen, wie man, vermittelst der blossen Klang-Füsse und deren Veränderung, ohne den Gang der Melodien an ihm selbst, noch den Ton oder Klang im geringsten zu vertauschen, aus Kirchen-Liedern allerhand Täntze[2], und wiederum aus diesen lauter Choral-Gesänge[3] machen könnte, wenns nöthig und nützlich wäre. Das Experiment ist neu, und wir machen es in keiner andern Absicht, als die ungemeine Krafft der Rhythmopöie darzulegen, um dadurch zu weiterm Nachdencken Anlaß zu geben.

A.

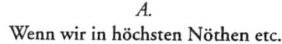

Wenn wir in höchsten Nöthen etc.

Menuet.

B.

Wie schön leuchtet etc.

Gavotte.

Notenbeispiel Nr.9, a-g: Zur Herkunft des (doppelten) Hauptthemas (S.o.S.34ff.).

a) Mattheson (1739) S.161

b) EKG 1953, Nr.48, D-Dur

Wie schön leuch - tet der Mor-gen - stern

c) Melodien (in d-Moll)

gespiegelte Melodie

d)

Von Takt 3 ab hat Bach die Melodien vertauscht

e) Cp.1

Cp.3

Das Doppelthema im Oktav-Abstand als Hauptthema des Werkes

f) Cp.5 Schluss der ersten Doppelfuge:

Alt

Bass

Sopran und Tenor sind weggelassen

g) Fuga a 3 Soggetti (XXIII, ab Takt 1) (comes)

Wie schön leuch-tet der Mor - gen eqs.

Bachs Gedankengang bei der Gestaltung des Doppelthemas im Anschluss an eine Choralmelodie ist oben S.35 beschrieben.

Cap. VII . „Johannes Mattheson as a stimulus to Bach's late fugal writing?"
Ein Aufsatz von Gregory G. Butler (1983) und ein Buch von Pieter Dirksen (Wilhelmshaven 1994) „Studien zur Kunst der Fuge von Johann S. Bach" - Zwei Schriften über das Verhältnis Bachs zu Johannes Mattheson und zu seinem Werk: „Der vollkommene Capellmeister".

Gregory G. Butlers Aufsatz ist ein Beitrag zum Sammelwerk „New Mattheson Studies" (Cambridge 1983) hrsg. von *George Buelow und Joachim Marx*; als Nr.13 füllt er die Seiten 293-305. Butler geht von der hier (oben S.36f.) schon gestellten Frage aus, ob Bach vielleicht Anregungen aus Matthesons Buch „Der vollkommene Capellmeister" (Hamburg 1739) in seinen Stil der Fugenkomposition aufgenommen haben könne. Bach kann Vorabdrucke aus dem Buch in Leipzig schon im Herbst 1738 gelesen haben (vgl. Butler a.a.O. S.294f.). Butler sieht enge Verbindungen zwischen den theoretischen Äußerungen von Mattheson - und Bachs Aufnahme von einigen seiner Anregungen in die Fugenkompositionen seit 1738 - mit der bekannten „musical rivalry between Hamburg und Leipzig". In sechs Notenbeispielen zeigt Butler (a.a.O. S.297-303) an Parallelen zwischen den Beispielen in Matthesons Kompositionslehre und Bachs Fugen aus den letzten Lebensjahren, dass Bach Anregungen von Mattheson aufgenommen hat. Die Beispiele sind von Mattheson (a.a.O.) den Seiten 417-429 entnommen; - von den sieben von Butler gefundenen Nachbildungen in Fugen von Bach sind drei aus dem WTC II (Fuga XXIII, XIV und XXII) genommen; die restlichen vier entstammen der Kunst der Fuge - (Contrapuncti 3, 2 & zweimal 4 im Erstdruck; also BWV 1080/ 3; 2 und 4).

Es gelingt Gregory G. Butler, als einem genauen musikhistorischen Beobachter und Kenner der Literatur aus Bachs Zeitalter, überzeugend zu zeigen, dass Bach das Werk von Mattheson aufmerksam gelesen haben dürfte. Man kann Butlers zusammenfassendem Satz (S.305) zustimmen: „Bach continued to be open to diverse external influences not only through the music of other composers but also through the writing of music theorists such as Mattheson."

Pieter Dirksen bezweifelt die Wichtigkeit der von Butler entdeckten Parallelen (a.a.O. S.132), stimmt Butler jedoch zu mit dem Satz: „Sehr glaubwürdig ist die Hypothese, daß Matthesons unmittelbar an Bach gerichtete Herausforderung einen wichtigen Anstoß zur Entstehung der Kunst der Fuge gegeben hat" (ebenda S.133). - Bachs Überlegenheit gegenüber Mattheson als Komponist steht für Pieter Dirksen fest. Dass Bach die Herausforderung zu eigenem Komponieren mit einem geradezu monumentalen Erfolg angenommen hat, scheint mir Dirksen allerdings nicht ausreichend zu erklären, wenn er abschließend (S.135) sagt: „Bachs Zyklus war dann von vornherein bestimmt, nicht nur die Kompositionen Matthesons und Telemanns, sondern auch die Händels auf allen Ebenen weit hinter sich zu lassen."

J. S. Bach war sich seiner Meisterschaft in Bescheidenheit bewusst; deshalb hätte er sich wohl kaum auf einen Wettkampf mit redlichen Komponisten, die seine Freunde waren und welchen er achtungsvoll gegenüber stand, einlassen wollen! Es liegt näher, dass Bach über die hochtrabende und geschwätzige Eitelkeit des Herrn Matthesons in Zorn geraten war. Abreagiert hat er den Zorn gemäß dem Bibelwort (1.Petrus 3,9) „Vergeltet nicht Böses mit Bösem oder Scheltwort mit Scheltwort, sondern dagegen segnet, und wisset, dass ihr dazu berufen seid, dass ihr den Segen erbet."

Die von Butler ausgewählten Notenbeispiele aus dem „Vollkommenen Capellmeister" Nr. 2a (a.a.O. S.298 oben) und 4a (S.299) zitieren beide in F-Dur die Choralmelodie „Wie schön leuchtet etc." (wie sie Mattheson a.a.O. S. 418 selber bezeichnet; - ebenda S. 420 bleibt der Text unerwähnt). Die Verwandtschaft des Hauptthemas der Kunst der Fuge mit dem Choral von Philipp Nicolai hätte Gregory G. Butler eigentlich auffallen sollen. Doch die Verwandtschaft der Melodien blieb im Kreise von Bachs Erben ebenso unentdeckt wie in der Musikwissenschaft der letzten 200 Jahre. Dass das Hauptthema „völlig instrumental gedacht" (s. oben S. 34) sei, wurde immer wieder als Argument verwendet dafür, dass der Choral am Schluss des ganzen Werkes einfach unpassend wäre. (Vgl. hiezu Kolnd. S. 507f. über Moritz Hauptmann und dessen „Erläuterungen zu J. S. Bach's (sic) Kunst der Fuge" Leipzig 1841; (mit Neuauflagen 1861; 1881 und 4. Aufl. 1925; nach Kolnd. S. 513; 521 und 562).

Über die „Erläuterungen..." von Moritz Hauptmann findet Kolneder im Bachjahrbuch 1930, S.138f. eine interessante Äußerung von Karl Hasse (in einem Aufsatz „Die Instrumentation J. S. Bachs" von 1929; a.a.O. S. 90-140). Hasse unterstreicht dort die Eignung der „Kunst der Fuge" für die Ausführung auf dem Klavier (bei Kolnd. S. 587f. ausführlich zitiert). - Nach Moritz Hauptmann wollte das Werk „hauptsächlich ein belehrendes sein." (Kolnd. S. 507). - Hasse wendet sich gegen diese Auffassung, die zu Gräsers Orchester-Instrumentierung geführt hatte, und Kolneder stimmt ihm zu.

Die bei Kolneder (S. 508ff.; vgl. oben S. 6; 9 u.13ff.) geschilderte Entdeckung des handschriftlichen Schlusses der Nr. XXIII („Fuga a 3 Soggetti" im Erstdruck; in der Berliner Handschrift P 200, Beil.3) hat offensichtlich (neben Czernys Ausgabe seit 1838; vgl. Kolnd. S.502ff.) nur geringe Wirkungen hinterlassen, - abgesehen von der Beschäftigung durch W. Gräser mit MS P 200, die zu seiner berühmten Aufführung (in Leipzig) und der Ausgabe von 1928 geführt hat. – Die Klavierausgabe von Carl Czerny in der Auflage von 1838 wurde zur populären Autorität, die durch Dehns wissenschaftliche Arbeit nicht schnell berührt worden ist. - Seit 1975 ist eine von Hans Gunter Hoke erarbeitete und kommentierte Faksimile-Ausgabe der ältesten Noten zur Kunst der Fuge erhältlich, die zur Erhellung des Kompositionsvorganges vielleicht noch manches wird beitragen können. Doch fürs erste zeigt die großformatige und schöne Nachbildung der erhaltenen Handschriften (vor 1750) und des Erstdrucks (von 1752) die fundamentalen Schwierigkeiten für die Lösung der Rätsel, die das Werk seit seinem frühesten Auftreten umgeben: (1) Wieso ist die Fuge mit den drei Themen abgebrochen? (2) Welche Bedeutung hat der Choralsatz „Vor deinen Thron tret ich hiermit, / O Gott..." für das Gesamtwerk? (Ist er wirklich nur eine Verlegenheitslösung, wie heute noch oft angenommen wird? oder doch eher ein Zielpunkt des Werkes?). (3) Wie kam es zum langfristigen Verlust der fast 7 Takte nach dem A-Dur-Schluss (Takt.233 des MS P 200), die den wundervollen Zusammenklang der drei Fugenthemen (von Exempel Nr. XXIII, Takt 233-238) enthalten? Daran schließt sich die Frage: (4) Wie, wann und warum ist die originale Partitur, die Carl Philipp Emanuel Bach noch gekannt (und besessen) hat, - also die Vorlage für den Kupferstichdruck – untergegangen?

Die vierte Frage kann vielleicht teilweise beantwortet werden (vgl. Kolnd. S.510): Carl Philipp Emmanuel Bach hat das MS an einen Herrn Hartmann, wahrscheinlich in Kopenhagen, verkauft. - Bei der Beschießung der dänischen Hauptstadt im Zuge der Festlandsperre gegen Napoleon I durch die englische Flotte (am 2.-7. Sept. 1807) wurden Theater und Universitätsgebäude wie auch ein hoher Kirchturm in ihrer Nähe stark beschädigt, so dass eine Zerstörung der Partitur nicht undenkbar wäre (vgl. Olaf Klose „Dänemark" S. 114f. und den Stadtplan von 1784, ebenda S. 106f.; Stuttgart 1982, Kröners Taschenausgabe; Bd. 327). - Doch es gibt noch viele weitere Denkmöglichkeiten: C. Ph. Em. Bach hielt als geachteter Diener und Hofcembalist am Berliner Königshof, wo die Philosophie der französischen Aufklärungs-Bewegung vorherrschte, die Frömmigkeit seines Vaters für unzeitgemäß und antiquiert.

Im „Bericht über das Bachfest-Symposium 1978 der Philipps Universität Marburg" (Hrsg. Reinhold Brinkmann, Leipzig 1981 - Für Mitglieder der Neuen Bach-Ges., Sitz Leipzig; und Bärenreiter Kassel) veröffentlicht Hans Joachim Schulze aus anfangs mündlicher Tradition, die gut verbürgt sein dürfte, Erinnerungen von Johann Christian *Kittel* an eine Szene kurz nach dem Begräbnis von J.S. Bach in der Küche von Bachs Wohnung in der Thomas-Schule, die Carl Philipp Emanuel in eigenartiger Beleuchtung darstellen: der Berliner Bach betete, kniend und in zornigen Worten zu Gott mit vorwurfsvollen, bitteren Fragen: „Warum hast du das gethan? warum hast du diesen großen Mann sterben lassen ...?... Giebt es denn nicht Stümper, ... Bettler und Vagabonden genug - unnütze Lasten der Erde, die gar wohl zu entbehren wären? und diese lässest du leben usw.". Bachs Schüler Kittel „brach in ein lautes, schallendes Gelächter aus. Kaum merkt Bach, er sey belauscht worden, so springt er auf, sein Zorn gegen Gott geht plötzlich in Wuth gegen den Zeugen seiner seltsamen Andacht über." Mit gezogenem Degen stürzt er „Zur Küche hinaus, Kitteln nach." (a.a.O. S.40

im Beitrag „Über die 'unvermeidlichen Lücken' in Bachs Lebensbeschreibung" - S. 32-42).

Ein von der Berliner Aufklärung geprägter Bach-Sohn konnte, mindestens zunächst, den Tod seines Vaters, den dieser in Ergebenheit gegenüber dem mächtigen Willen seines gnädigen Gottes hingenommen und längst schon vorher gründlich bedacht hatte, nur ganz schwer verarbeiten. Dass Carl Ph. Emanuel den Choralvers, dessen Hauptinhalt die Bitte um Gottes Gnade in der Todesstunde ist, schlechthin unverständlich gefunden hat, kann man als ein Seelsorger, dem die Geschichte der Frömmigkeit - und ihrer Brüche! - bewusst ist, nachfühlen. Es wird dabei auch verständlich, dass der Berliner Bach den Choral - am Ende des noch nicht ganz vollständigen, nachgelassenen Werkes seines Vaters - bekämpfen zu müssen glaubte. Er war damit ein Kind seiner Zeit; und er konnte deshalb auch nicht entdecken, dass auch die 22 prächtigen Fugen vor den beiden Werken des Schluss-Aktes alle den einen Choral vom Morgenstern zum Thema hatten, und dass für den Vater Johann Sebastian „der Morgen" - als ein Symbol für den Übergang in die Ewigkeit unter Gottes Gnade verstanden worden ist. - Vgl. ob. Cap VI (S. 33-36).

Die europaweite Bewegung der „Aufklärung", die 4 Jahrzehnte nach dem Tode des Alten Bach zur französischen Revolution und - durch Napoleon - zu europaweiten Umstürzen führen sollte, hatte viele Vorläufer, zu welchen auch der Musikschriftsteller und Theoretiker J. Mattheson gehörte (Vgl. hiezu den Artikel über Bach von Friedrich Blume in MGG Bd. I/ S.960-1047, Kassel 1951; p.995 bei Kolnd. S.611 zitiert. Auch ein Artikel über J. Mattheson in MGG Bd.8 (1960) Sp.1805 zitiert einen Zeitgenossen: „Dieser gute Mann war mehr mit Pedanterie und wunderlichen Einfällen begabt als mit wahrem Genie." (Burney 1769; dt.von Bode,1773). Bach wird gespürt haben, dass ein neuer Stil des Denkens heraufzieht, der ihm bange macht. Er hatte nicht die Sprachgewalt, mit welcher er Mattheson und seinem Anhang hätte entgegentreten können. Doch die kompositorischen Möglichkeiten, um Mattheson zu erstaunen, standen ihm zu Gebote.

Hinter der erstaunlich schönen Musik für das Cembalo, die Bach gleichzeitig mit der Fertigstellung seiner Großen Messe für Sänger und Orchester erarbeitete, versteckte er in Choralmelodien die Worte von ihren Texten, die sein christlich bestimmtes Welt- und Menschenbild geprägt hatten. Es geschah mit hintergründiger Ironie, die Mattheson - wie auch dessen Anhänger - treffen, bewegen, aber eben doch nicht verletzen sollte. - Bach dürfte kaum damit gerechnet haben, dass sein geheimer Code und das darin Gesagte leicht und schnell verstanden werden könne. Nur der ihm sehr liebe Sohn Carl Philipp Emanuel, dessen Begabung, Fleiß und Erfolg sein Vater ehrlich bewundert hat, verstand den Choral im Schlussakt der nachgelassenen letzten Komposition so, dass er mit Empörung darauf reagieren musste!

Carl Philipp Emanuel Bach könnte in seiner ersten Erregung vielleicht auch unbesonnene Eintragungen in die originale Partitur gemacht haben, so dass er sie später gerne in eine entfernte Stadt verkauft hat, so könnte man spekulieren. - Eine gewisse Erregung ist noch in der „Nachricht" zu spüren, die in den frühesten verkauften Exemplaren der Kunst der Fuge auf der Rückseite des Titelblatts gedruckt war (Vgl. den Nachdruck bei Hans Gunter Hoke „Zu J.S. Bachs 'Die Kunst der Fuge'."; Beiheft zur Faksimile-Ausgabe, S. 35). In den etwas später verkauften Exemplaren des Erstdruckes wurde die „Nachricht" durch den „Vorbericht" von Fr. W. Marpurg ersetzt. Auf eine von Thomas Wilhelmi neu entdeckte Quelle ist (oben S. 15f.) schon hingewiesen worden; dort wird der Choral, wahrscheinlich von Carl Philipp Emanuel, - ohne polemischen Anklang! - als „Anhang" bezeichnet).

Bachs Erben haben sich offensichtlich einigen können über eine gemeinsam gebilligte Form der Veröffentlichung des Fugenwerkes. Der Zeitgeist stand Chorälen nicht mehr freundlich gegenüber. Die Deutung der Bachschen Fugenkunst als ein Lehrwerk für Komponisten im Kirchenraum passte nicht in das Weltbild einer Zeit, die für noch offene Rätsel der Welt und des Lebens rationale Lösungen suchte - und oft auch gefunden hat. - Lernen, Üben, Berechnen und Nachdenken stand höher im Kurs als der Anschluss an eine religiöse Gemeinde. Das ist lange Zeit so geblieben und hat auch politische Bewegungen in den kommenden Jahrhunderten stark durchdrungen. So glaubten musikalische Menschen gerne daran, dass Bach seine Virtuosität im Komponieren zeigen und auch auf andre fleißige Musikschüler übertragen wollte. Das Thema des Fugenwerkes wurde in der Kunst der Umkehrung von Melodien gesehen; es ging um ein Spiel der Kombination von Tönen zu Klängen von raffinierter Schönheit. Die künstlerische Selbstverwirklichung wurde zu einem erstrebten Lebensziel ! - Und dabei störte ein Choral. -

Dass Matthesson Bach Anregungen für eine Komposition gegeben hat, wurde vor 1977 kaum vermutet oder untersucht (und lange Zeit fehlten auch neue Ausgaben von Matthesons Buch, das erst 1954 wieder als Faksimiledruck bei Bärenreiter erschienen ist). Das Notenbeispiel aus Contrapunctus 6 des Erstdruckes soll veranschaulichen, wie Bach eine F-Dur-Version des Chorals „Wie schön leuchtet usw." in einem Satz „In Stylo francese" versteckt hat (s. oben die Notenbeispiele 6 a-d; S. 25 ff.). - Auch die bis in allerjüngste Zeit oft umstrittene Überschrift „Fuga a 3 Soggetti" ist doch wohl eine Parodie auf Matthesons Selbstlob für eine „Doppelfuge" „mit dreien Subjekten" (im Vollkommenen Capellmeister S. 441 § 66). Dass Bach in jener Fuge XXIII (BWV 1080/ 19) seinen Namen als Teil des dritten Fugenthemas auskomponiert, ist vordergründig als Nachäffung des Matthesonschen Selbstlobes zu verstehen, doch auch dieser Passus der Fuge ist mehrdeutig ! - Vergleicht man die Tonfolge des insgesamt 10 Töne umfassenden „Soggetto" mit Fugenthemen der h-Moll-

Messe, so findet man einen liturgischen Text, der auf die Melodie des Themas leicht gesungen werden kann: Seine sieben Silben können nämlich auf die 10 Töne des Fugenthemas verteilt werden: „Kyrie eleison". Die Tonfolge *bac'h* hat mit diesem Text den Beiklang von Selbstlob und auch von Ironie verloren. (S. Notenbeispiel Nr. 9; S. 48, und vgl. unten S. 57-62).

Pieter Dirksen gelingen in den Schlusskapiteln seiner „Studien zur Kunst der Fuge von Johann S. Bach" (S.129) gute Beschreibungen von dessen Arbeitsweise während der Vorbereitung von Veröffentlichungen der ihm wichtigen Werke. Bach hat in häuslicher, handwerklicher Arbeit selber die Kupferstichplatten hergestellt. Seine Familie und auch einige Schüler durften ihm dabei helfen. Er war bei Spielwerken, die er nicht selbst im Druck verkaufen wollte, sehr großzügig beim Gewähren von Abschriften im Schüler- oder Bekanntenkreise. (So z. B. bei Bd. II des WTC). Von Werken, die er drucken lassen wollte, gibt es aber so gut wie keine frühen Abschriften, weil Bach seine Pläne bis zur Druckveröffentlichung geheim hielt. (Vgl. hiezu Pieter Dirksen a.a.O. S. 129ff. mit den Anmerkungen 49-51, ebenda S.185).

Einen besonderen Abschnitt widmet Dirksen (a.a.O. S. 174 ff.) den Abweichungen des „Nekrologtextes" von der „Nachricht" in den frühesten verkauften Exemplaren der Kunst der Fuge. - A.a.O. S.175f. interpretiert Dirksen den Nekrolog, der von der „vorletzte(n) Fuge" spricht und damit die unvollständige Fuge intendiert, von welcher auch die „Nachricht" redet. Dirksen hält es für möglich, dass hier ein Flüchtigkeitsfehler vorliegt, der, wenn man die Texte zu genau ausdeuten will, zu der Vermutung führt, „dass die Herausgeber mit dem Passus 'letzte Fuge' - pointiert gesagt - einfach gelogen haben". - Kurz darauf kommt Dirksen (ebenda) auf die Symbolzahl 14, die Bach mit seinem Namen verbindet, zu sprechen und stellt fest, dass Bach „für die Contrapunctusgruppe ganz eindeutig die Satzzahl 14 angestrebt" habe, was auch das letzte Thema dieser Fuge beweise (Über Cp.12 hinaus führt allerdings der Erstdruck die Zählungen nicht fort; vgl. oben S. XII ff. und S. 15-17. - Die Satzzahl 14 für die Contrapunctus-Gruppe scheint mir eher eine vage Vermutung zu sein; im Erstdruck stehen 16 Fugen vor der Kanongruppe XVII - XX !).

Zur Frage nach der Komposition, die auf die „Letzte Fuge (= Cp.14; BWV 1080/ 19)" noch folgen sollte (wie im Nekrolog steht) macht Dirksen eine wahrscheinlich „mündliche Tradition" verantwortlich, die „weniger eindeutig" ausgefallen war als die „Nachricht". Dirksens Satz, in dem er seinen diesbezüglichen Eindruck beschreibt, könnte Vermutungen unterstützen, die hier (oben S.15-17) schon ausgesprochen sind. Die Erben von J.S. Bach erkannten in Nr. XXIV (der Originalpartitur? - Oder war der Satz schon auf eine Kupferplatte gestochen?) einen Choral, zu welchem mehrere Texte gesungen wurden. Dass jede Lied-Zeile im Sopran durch eine kurze Fuge - von nur 6 bis 8 Takten - eingeleitet wird, brauchte ihnen nicht aufzufallen, da diese Komposition auf den ersten Blick äußerlich vielen anderen Choralvorspielen von Bach gleicht. In gleicher Weise durch Melodie-„Umkehrungen" strukturiert sind allerdings nur die „Canonischen Veränderungen (BWV 769(a)) über „Vom Himmel hoch etc".

Wichtig scheint mir hier ein Abschnitt bei Walter Kolneder (S. 206f.) über die Tripelfuge Nr. XXIII (=BWV Nr.1080/ 19) zu sein : „Ein neues Thema, das mit vorherrschender Achtelbewegung in stärkstem Kontrast zum vorhergehenden steht, setzt im T.114 auf das zweite Viertel ein. Es geschieht zum erstenmal im Werk, daß ein derartiges, im Verlaufe einer Fuge auftretendes neues Thema *einstimmig* exponiert wird, ebenso wie später das 3. Thema ab T. 193. Bach muß also auf die gute Hörbarkeit der verschiedenen Themen in dieser Fuge besonderen Wert gelegt haben." *Die fugierten Themen im sich anschließenden „Schlusschoral" (XXIV) werden auch jeweils einstimmig* in die Expositionen der Fughetten eingeführt als eine für Zuhörer leicht erkennbare verkürzte Form der präludierten Melodiezeile. -

Schon beim zweiten „umgekehrten" Themeneinsatz überlappen sich die beiden Formen des Themas zu einer *Engführung*, die durch Gegenthemen und auch durch chromatische Abwandlungen des Themas bereichert wird, bis das - langsamer gespielte - Melodiestück in der Sopranstimme erklingt. Zu vier Liedzeilen wurden solche fugierten Vorspiele erfunden. Etwas breiter angelegt als die ersten drei ist das Vorspiel für die vierte Melodiezeile, deren Schluss-Ton g' im Sopran durch mehr als drei ganze Takte ausgehalten wird, - über einem ähnlich gewobenen Nachspiel. Das Gewicht der vierten Vers- (bzw. „Melodie" -) Zeile wird durch langsamere Zeitmaße (Viertel- statt Achtelnotenbewegung) im Tenor und im Bass T. 32ff. (und 38ff. *spiegelbildlich umgekehrt*) hervorgehoben. In der Kurzform erscheint das Thema vor dem Sopraneinsatz achtmal (davon fünfmal recto und dreimal inverso). Während des langen Schluss-Tones g' im Sopran ertönt das Thema in beiden Versionen (in Alt und Bass) noch einmal, und in den letzten Takten (44f.) dreistimmig, in parallelen Dreiklängen.

Der fugierte Satz der vierten Liedzeile, - bis in den Schlustakt hinein, - bildet den Höhepunkt der „Choralfuge" Nr. XXIV, und auch des Werkes, dessen originalen Erstdruck es ausfüllt. Der Text der an Gott gerichteten Bitte, ist dafür wesentlich: „Wend dein genädig Angesicht / Von mir betrübtem Sünder nicht!" -

In seiner Studie „Luther und Bach" (Berlin 1947, S.46. - Neudruck in „Bach-Studien" hrsg. Christoph Wolff, Kassel 1969; S.173) schreibt Friedrich Smend: „...die innersten Herztöne" lässt Bach „erklingen, wenn er von dem seligen Sterben redet". Immer wieder, bis zu seinem letzten Gesang. „Das Lied aber von dem *'betrübten Sünder'*, das er dazu wählt ist ..... Ausdruck desselben Bekenntnisses, das Luther auf seiner letzten Fahrt in die Worte faßte: 'Wir sind Bettler, das ist wahr'."

Pieter Dirksen weist (a.a.O. S.159f.) darauf hin, dass die Zahl 14 vielleicht auch für das Musikalische Opfer einen Schlüssel darstellen könnte: seine einzelnen Teile sind: 2 Ricercari, 1 Triosonate, und 10 Canones, also zusammen 13 Stücke; darunter sind aber zwei (Nr. 9 & 10) als Rätselcanones bezeichnet durch die Anweisung: „Quaerendo invenietis" (vgl. Mt.7,7f. und Lk.11,9f.); doch zu dem Rätselkanon Nr. 9 gibt es zwei Auflösungen. Hiezu sagt Dirksen: Geht man davon „aus, daß das Wesen des Werkes....in seiner klanglichen Auflösung (und nicht in der schriftlichen Fixierung) liegt," ...... „so beläuft sich die" Anzahl der Sätze im „Musikalischen Opfer auf vierzehn". Hieraus können wir vielleicht folgern, dass Bachs Kompositionen der letzten vier Lebensjahre Rätsel enthalten, deren Auflösung erst den Gesamtplan eines Werkes erschließt.

Es ist nicht ausgemacht, dass der Schlussstein eines Werkes jedes mal mit einer Symbolzahl etwas zu tun hat, denn die Einfälle des Herrn Bach müssen unerschöpflich gewesen sein! - Anders als der Canon triplex auf dem Portrait, der erst 1840 als Rätsel erkannt und gelöst worden ist, wurde der als Rätsel bezeichnete Canon des Musikalischen Opfers (BWV 1079 III/ 9) schon 1763 von Johann Christoph Oley gelöst, wie Pieter Dirksen mitteilt (a.a.O. S.160 mit Anm.151ff. nach Wolff; NBA VIII/ 1, im Kritischen Bericht S.115; vgl. dort die Notenbeispiele). Dass der Takt 239 (in P 200, Beil. 3, fol. 5) auch, nach Bachs Willen, als ein Notenrätsel erkennbar sein sollte, halte ich nicht für ausgeschlossen. Besonders die Korrekturwiedergabe bei Dirksen (S. 213) scheint in dieselbe Richtung zu weisen (s. oben S.12f. & S.16). Mit dem bedauerlichen Verlust der „eigentlichen" Originalpartitur (s. oben S. 9; 14; & 47ff.) und der Abklatschvorlagen könnte vielleicht ein Hinweis Bachs auf den Rätselcharakter des Taktes 239 untergegangen sein; doch dies erscheint mir eher unwahrscheinlich. - Interessant sind Dirksens Erwägungen zur Schriftqualität des Manuskriptes der abgebrochenen Fuge auf dem letzten Blatt (Beilage 3, fol.5 auf S.173 a.a.O. mit den Anmerkungen 183f. auf S. 190f.): Es geht um Rastrierproben auf der Rückseite von fol. 4, „die wohl zur Vorbereitung auf die Rastrierung von Blatt 5 vorgenommen wurden und somit erneut auf Bachs Ungeduld zur Weiterführung von „Contrapunctus 14" (also Nr. XXIII) hinweisen." - In Hokes Faksimileblättern ist das Ergebnis des Vorganges recht genau zu sehen; doch Bach wollte, wie es scheint, niemandem verraten, weshalb er ungeduldig war. Unter mancherlei mögliche Erklärungen könnte man auch die Vermutung einreihen, dass Bach sein ärgerliches Notenrätsel möglichst bald vor seinen Augen stehen sehen wollte. - Sein Lausejungenstreich sollte ihm gelingen!

Das Rätsel ist noch ärgerlicher als der Canon mit der paradoxen Überschrift auf dem von Elias Haußmann gemalten Zettel seines Bachportraits. Es verrät einen selbstmörderischen Impuls, besonders da es unmittelbar auf den auskomponierten Namen „*b-a-c-h*" folgt. Die Dramatik des Schlussaktes bezieht den Autor des großen Werkes in ein seltsames Geschehen ein: Bach zeigt, dass er glaubt, den Tod verdient zu haben! - Unzufrieden ist er mit sich selber, und zwar als Mensch (und nicht als Komponist). Als betrübter Sünder hat er den Tod verdient, und fliehen kann er jetzt nur noch in die Bitte um die Gnade seines Schöpfers, die allerdings der Glaubensinhalt seines ganzen Lebens gewesen ist, was die bittenden Worte der Choralstrophe deutlich anzeigen. Aber es könnte Menschen, und ganze Generationen geben, die den Glauben an die nicht verdienbare, sondern von Gott geschenkte, Gnade vergessen oder gar verwerfen wollten!

Natürlich hat Bach den Schluss der Fuge gekannt und innerlich genau gehört. - Doch wer die Kunst der Fuge verstehen möchte, der muss auch versuchen, des Glaubens, welcher Bachs Leben trägt und prägt, teilhaftig zu werden. Es geht dabei letztlich um die *Flucht* (lat. *‚fuga'*) aus der zeitlichen Welt, also um die „ars moriendi". - Im Anschluss an eine weitere Schrift von G. Butler kommt Pieter Dirksen auf Berechnungen von Taktzahlen und Platzbedarf auf dem Papier des Notendruckes zu sprechen (a.a.O. S.176f. mit Anm. 195 auf S.191). Die mit erheblichen Unsicherheitsfaktoren belastete Berechnung klingt aus mit dem Satz (von Dirksen S.177): „Das Fehlende hat somit wahrscheinlich bedeutend weniger als 40 Takte betragen." Bei einem von Bach gestellten Notenrätsel ist gewiss damit zu rechnen, dass seine Lösung kurz ist, und dass die Vorgaben dem Schüler, der sie sucht, nur wenig Spielraum lassen. - Bach dürfte in Johannes Mattheson den Schüler gesehen haben, der sein Rätsel lösen sollte, denn im „Vollkommenen Capellmeister" theoretisiert der Musikgelehrte von Seite 415 bis 427 - mit vielen Notenbeispielen - über „die Arten von Contrapuncten". - Dass die Bachsche Fuge mit den drei Subjekten einen abrupten Schluss als Fragment findet, kann Mattheson allerdings nicht gesehen haben, da dieser Schluss erst nach Jahrzehnten entdeckt und dann auch erst viel später in einigen (wenigen) Ausgaben des Werkes gedruckt worden ist.

Allerdings zeigt Johannes Mattheson seinerseits, dass er auf das Erscheinen von Bachs Fugenwerk aufmerksam geworden ist, durch eine Anmerkung im Büchlein „Philologisches Tresespiel" (Hamburg 1752; S.98). Der Tonfall ist großsprecherisch und nationalistisch: „Joh. Sebast.(sic) Bachs so genannte Kunst der Fuge, ein praktisches und prächtiges Werk von 70 Kupfern in Folio, wird alle französische und welsche Fugenmacher dereinst in Erstaunen setzen; dafern sie es nur recht einsehen und wohl verstehen, will nicht sagen spielen können. Wie wäre es denn, wenn ein jeder Aus- und Einländer an diese Seltenheit seinen Louis d'or wagte? Deutschland ist und bleibet doch ganz gewiß das wahre Orgel- und Fugenland." - Bach kann diese Notiz von J. Mattheson nicht mehr gelesen haben. Doch die von Bach gestellte Aufgabe, ein kontrapunktisches Rätsel zu erkennen und zu lösen, ist noch immer eine Herausforderung geblieben an musikinteressierte Menschen, die allerdings erst seit 1844 durch den Aufsatz von Siegfried Wilhelm Dehn der Öffentlichkeit eines Leserkreises bekannt und zugänglich geworden ist (Vgl. Kolnd. S. 508ff.).

Mattheson schließt übrigens (im Vollk. Cap.-mstr. S.427 mit § 47) sein „Zwei und zwantzigstes Hauptstück" mit dem Satze ab: „Alle diese Kunststücke sind vornehmlich dazu erfunden, um einen *Canto fermo,* oder Choralgesang damit auszuzieren. Dahingegen die Doppelfugen einen anderen Gebrauch haben, und sich auf dergleichen *Cantum planum* nicht gründen sondern ihre eigenen *themata* in ordentlichen Beantwortungen oder *Risposte* durchführen" .... „Wir gehen indessen weiter". (Hier folgt bei Johannes Mattheson sein „Hauptstück 23. Von Doppel-Fugen").

Über dem abschließenden Choral (XXIV) steht in der Überschrift der Erstausgabe: „Canto Fermo in Canto" - das ist kaum eine hilfreiche Erklärung des Stückes, sondern doch wohl eher eine ironisch-selbstironische Anspielung des bedeutenden und bescheidenen Komponisten Johann Sebastian Bach auf den abschließenden Paragraphen 47 aus der Feder des Theoretikers Johannes Mattheson in Hamburg, - (den ich hier nicht wörtlich in seiner ganzen Länge anführen wollte!).

Notenbeispiel Nr. 10: Der Rätselkanon auf dem Portrait, das Elias Haußmann 1747 von Bach gemalt hat (BWV 1076.) - Vgl. oben S. XIII, dazu S. 2, 6, und S.28 ein noch späteres Bild von Bach, vielleicht vom selben Maler E. Haußmann.

Notenbeispiel Nr.11: (Nr. XXIV) „Choral" (BWV 668 vgl. oben S. IX) nach der Bärenreiter Studienpartitur (TP 26 S.185f):„The Art of Fugue" - BWV 1080 von Hermann Diener (Aufführungspraxis 1929-54) hrsg. 1956 durch Charlotte Hampe (Berlin Zehlendorf).Die Quellen „P 271 & Erstdruck" sind gut erkennbar!

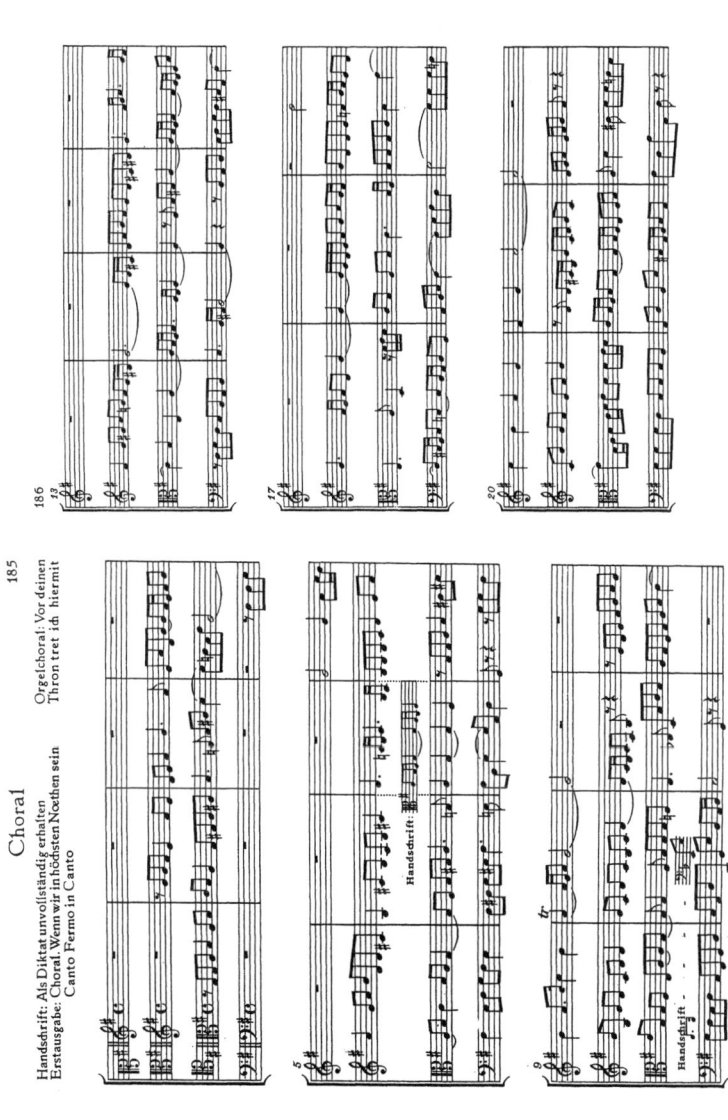

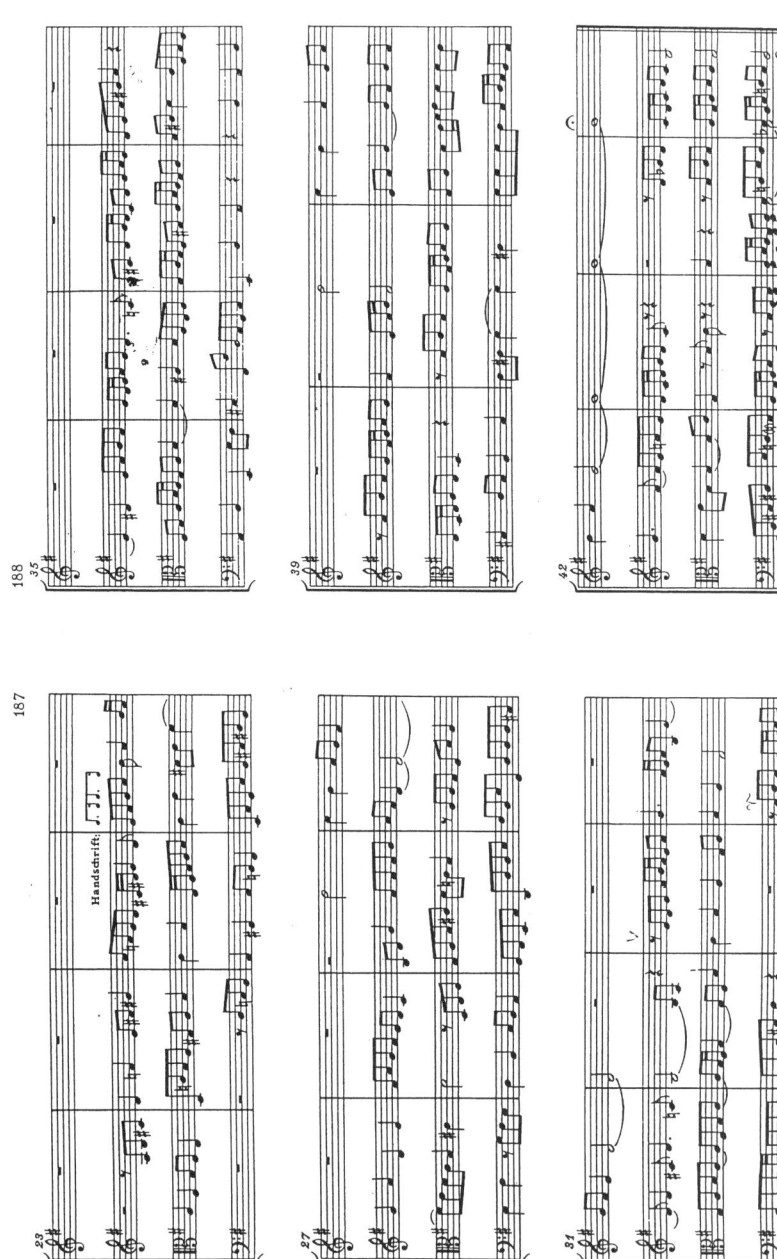

Notenbeispiel Nr. 11 (Fortsetzung) TP H. Diener; S. 187f.

Schlussbetrachtung zu den Ergebnissen der Untersuchung.

Merkwürdigkeiten und Unstimmigkeiten begleiten seit seinem Erscheinen das späte Meisterwerk von Johann Sebastian Bach. Anhand eines ausführlichen Forschungsberichtes über das Werk, seine Entstehung, seine erst spät sich entfaltende Wirkung, seine Deutungen und die dabei entstehenden Verlegenheiten, Meinungskämpfe bis zur Überlastung und Verzweiflungstat, ließen wir uns von Walter Kolneder durch die Geschichte führen.

Es ergaben sich dabei gelegentlich auch neue Fragen und Beobachtungen, wie z.B. über das Hauptthema, dessen Herkunft aus einem viel gesungenen Choral der Komponist raffiniert verschleiert hatte. Die Methode der Verschleierung führt zu einer Stelle in einem um 1739 neu erschienenen Buch von Johannes Mattheson, das seit etwa drei Jahrzehnten im Zusammenhang mit der „Kunst der Fuge" von Bach schon gelegentlich erörtert worden ist (s. oben S. 33ff.), und zwar mit Recht und aus gutem Grunde, der im Inhalt des Buches zu finden ist. Bei der Nachprüfung bestätigte sich unsere Vermutung.

Dass Bach in seinen späten Lebensjahren gelegentlich Notenrätsel erarbeitete, erfuhren wir von Friedrich Smend und Pieter Dirksen. Für das abrupte Abbrechen der vorletzten Fuge des Werkes, zogen wir die Möglichkeit einer von Bach gestellten Rätselaufgabe in Erwägung. Ob die versuchte Lösung des Rätsels gelungen ist und zu überzeugen vermag, bleibt hier eine offene Frage. Doch, wenn es so wäre, würde das Fugenwerk zusammen mit der abschließenden Choralfuge eher, als es heute weithin gesehen wird, als Einheit erscheinen.

Zum Bach-Jahr 2000 im Mai erschien von Christoph Rueger (als Heyne Sachbuch 19/718, in München) ein ansprechendes Buch mit dem Untertitel „Wie im Himmel, so auf Erden". Der Verfasser, Jahrgang 1942, eröffnet seine Biographie (S.17ff.) mit einem „Bekenntnis zu Bach". Er erzählt, dass er acht Jahre lang im Thomaner - Chor unter Günter Ramin gesungen hat.

Der Musikwissenschaftler Rueger erzählt (S.193-199) von Bachs letztem Lebensjahr und der Arbeit an der Kunst der Fuge, allerdings ohne auf die in der Forschungsgeschichte aufgetretenen Probleme einzugehen. Sein Satz (S.193): „Die Handschrift bricht ab, wo er sein klingendes Monogramm in die großartig konzipierte Schlussfuge einträgt...". Beschönigend und glättend wird dann auch (S.195f.) von der Entstehung des „sogenannten Sterbechorals" berichtet. - Die Musikwissenschaft hat sich ein anderes Bild von den Vorgängen um Bachs Tod erarbeitet, das im gleichzeitig erschienenen Werk von Christoph Wolff „Johann Sebastian Bach" (Frankfurt/M 2000) S. 471- 478 sehr klar dargestellt ist im Blick auf die Kunst der Fuge und weitere große Werke aus Bachs letzten Jahren. „Das Ende" beschreibt Christoph Wolff im selben Werk S. 483 – 496 mit höchster

Genauigkeit auf der Grundlage der von ihm beherrschten Quellen. - Im Vergleich zu einem so hervorragenden historischen Forschungsbericht sind meine Beobachtungen am Quellentext der von Bach geschriebenen und gestochenen Noten nur unwesentliche und fragende Anmerkungen, die das biographische Bild ein wenig ergänzen könnten.

Dass Bach bekannte Choraltexte mit den Fugenthemen verbunden sehen wollte, ist eine Überzeugung, die dem großen Werk ein einheitliches Gerüst geben würde. Die symbolträchtigen Texte bilden zusammen gewissermaßen den Subtext einer Reise durch das Menschenleben und besonders das Leben eines Musikers bis an sein Ende. Die Religionsgeschichte nennt diese ursprünglich literarische Kunstform eine „Himmelsreise der Seele" (nach Wilhelm Boussets Monographie im „Archiv für Religionswissenschaft" Bd.4/ 1901; Seiten 136-169 und 229-273). Bach benützt die Melodie-Anfänge für die folgenden Texte zu seiner Schilderung einer solchen Reise:

Fugen   Nr. 1 - XXII: Thema: Wie schön leuchtet der Morgenstern!
          Nr. XXIII: Thema 1: Wie schön leucht' uns der Morgen!
                         Thema 2: (Vielleicht:„An Wasserflüssen Babylon..."-
                         Ps.137 über das Leid des Harfenspielers)
          Schluss: Kadenz in g-Moll: „Kyrie eleison"
                         Thema 3: (b-a-c'-h): „Kyrie eleison",
                         (mit Kombination der Themen 1 bis 3);
                         Die Fuge bricht unfertig ab; (vielleicht als Notenrätsel
                         für eine Schlusskadenz in G-Dur ?).
          Nr. XXIV   Choral (Die 4 Melodien zu den Verszeilen werden zu
                         Den Themen von vier kurzen Fugen):

Vor deinen Thron tret ich hiermit
O Gott, und dich demütig bitt:
Wend dein genädig Angesicht
Von mir betrübtem Sünder nicht!

(Ende)

Nachträge: Abgrenzungen - Ergänzungen - Reflexionen.

1. Der hier beendete Aufsatz versucht Elemente der „Kunst der Fuge" in einem Zusammenhang zu sehen, der vielleicht den ursprünglichen Einfall des seiner selbst bewussten Komponisten und fromm seinem Gott ergebenen Menschen Johann Sebastian Bach berührt. Das Buch von Johannes Mattheson (Leipzig 1739) kam als Neuerscheinung in Bachs Hände, und seine Lektüre erwies sich als ärgerlich, besonders durch einen Abschnitt, der zum Missbrauch und zur Verachtung der protestantischen Kirchenchoräle auffordert. (Vgl. oben S.37f. die Notenbeispiele Nr.8 & 9). Bach ärgert sich – mit Recht – über den kindischen Hochmut, der in Matthesons Buch zum Ausdruck kommt. Bach bemerkt jedoch bald auch, dass „Der vollkommene Capellmeister" sich gut verkauft und viel gelesen wird. Neben seiner Arbeit an der h-Moll - Messe beginnt Bach das Werk mit den variierten Fugen zu schreiben, dem die beiden ersten Melodien des Notenbeispiels Nr.8 (oben S.37) zugrunde liegen dürften. Bach vertauscht dabei die Reihenfolge von A und B in Matthesons Sammlung. Die Melodie B wird zum Doppelthema in d-Moll verfremdet, während die Melodie A (in G-Dur) zum Zielpunkt der gesamten Komposition gemacht wird. Der Symbolwert der Texte für die beiden Melodien wird Bach schnell aufgeleuchtet haben. Es war ein ernster Scherz, mit welchem Bach seinem Kollegen Johannes Mattheson begegnen wollte.

Bach hat seinen Scherz nicht erklärt, ebenso wenig wie er Hilfestellung zur Enträtselung des Kanons BWV 1076 auf dem Portrait zum Eintritt (1747) in die von Lorenz Christoph Mizler (1738) gegründete „Societät der musicalischen Wissenschaften" geleistet hätte. Dass auch heute noch Schlüssel zu den von Bach im einen oder anderen Spätwerk versteckten Rätseln gefunden werden könnten, ist eine Glaubensüberzeugung in welcher mich der Herausgeber dieser Arbeit seit etwa drei Jahren ermutigt hat. Der Gesamtaufbau des letzten großen Fugenwerkes in seinen etwas ironischen und symbolträchtigen Bezügen scheint mir zu dieser Art von Rätseln zu gehören.

2. Die Entstehungs- und die frühe Überlieferungsgeschichte der abschließenden Choralmelodie in der „Kunst der Fuge" erfordert eine eigene Betrachtung, da die Nr. XXIV immer wieder als ein Fremdkörper in dem eigentümlichen Fugenwerk empfunden worden ist. Der Choral sei ein Stilbruch am Ende der Bearbeitung des rein instrumental erdachten Doppelthemas, so wurde oft argumentiert, und vielleicht empfand es der Kreis von Bachs Erben auch schon so (s. oben S.3-5) Wir fanden (oben S.15-17 und S.25-27 im Notenbeispiel Nr.6) Spuren, die auf Zusammenhänge des Doppelthemas mit einer wohlbekannten Choralmelodie hinweisen, so dass der Vorwurf eines Stilbruches (durch Nr. XXIV) eigentlich

entkräftet ist. Trotzdem verdient die Geschichte der Choralmelodie und ihrer Bearbeitung durch J.S. Bach eine sorgfältige Betrachtung.

Drei Quellen zeigen, dass sich Bach sein Leben lang mit der Auszierung der Choralmelodie beschäftigt hat: Die früheste Ausarbeitung findet sich im „Orgel-Büchlein", welches Bach in Weimar im Jahre 1708 angelegt hat. Es enthält etwa 46 ausgeführte Choralvorspiele für Orgel; für weitere 99 Choräle blieb der vorgesehene Platz leer. Christoph Wolff schildert das Manuskriptbuch in seiner Bach-Biographie (Frankfurt/M. 2000; S.144ff.) anschaulich in der Tabelle 5.2 mit Angaben der Entstehungszeit der einzelnen Kompositionen. „Wenn wir in höchsten Nöten sein" füllt die Seite 100 des Buches (BWV 641) und als Zeit der Bearbeitung wird ca. 1712/13 angegeben; dazu noch „Konzeptschrift" (im Unterschied zu „Reinschrift"). - In die Zeit von 1715-1717 fallen nur noch 11 Kompositionen, nach 1726 wird das Buch nicht weitergeführt, aber von Bach an der Kirchenorgel wahrscheinlich noch oft benützt. (Reinschriften und Überarbeitungen werden in Tab. 5.2 noch nach 1726 verzeichnet). - Die zweite und die dritte Quelle sind im Umkreis der Kunst der Fuge zu suchen: Es geht um den „Choral" im Erstdruck, für welchen keine handschriftliche Vorlage erhalten geblieben ist (sie könnte schon ein Teil der handgeschriebenen Originalpartitur gewesen sein). – Doch als drittes Dokument gibt es eine weitere Handschrift, die den Abschluss der Leipziger Choralhandschrift (PStB P 271) bildet; - aber das Blatt ist beschädigt und enthält nur den Anfang der Komposition (vgl. Chr. Wolff aaO. S.555 A 86 zu BWV 668) mit der Überschrift „Vor deinen Thron tret ich hiermit" - der Text von Justus Gesenius (1601-1673) passt zur selben Melodie.

Die Ausarbeitung der drei Manuskripte entstand in ungewissen zeitlichen Abständen BWV 641 (1713), 668, nach Wolff sicher vor dem Kupferstich im Erstdruck der Kunst der Fuge und erkennbar als Neufassung von BWV 641 im Orgelbüchlein. Wolff rechnet den neuen Satz den „Achtzehn Chorälen" (P 271) zu, doch diese enden zunächst mit BWV 667, worauf BWV 769 die „Kanonischen Veränderungen über ‚Vom Himmel hoch'..." folgen. (Vielleicht wurde die Vorlage für den Erstdruck den 18 (- bzw.17 -) Chorälen entnommen und ging später bei den Kupferstechern verloren ? -

Im Abschnitt über Bachs „Nachlaß und musikalisches Vermächtnis" schreibt Christoph Wolff (Frankfurt/M. 2000 S.496-505) S. 502: „....es kristalisiert sich deutlich heraus, daß der musikalische Nachlaß weit umfangreicher gewesen sein muß, als wir im allgemeinen vermuten." - Das nur teilweise erhaltene Notenmanuskript „BWV 668a" lässt sich am ehesten als Korrekturnotiz für den Choral im Erstdruck Nr. XXIV (= BWV 668 ?) verstehen (vgl. aaO. S.491f. Wolffs Rekonstruktion der Geschehnisse am Totenbett). Über „den unbekannten Kopisten", - in der Bachwissenschaft „Anonymus Vr." genannt, - unterrichtet

Christoph Wolff a.a.O. S.555 in A.85 nach Kobayashi (BJ 1988, S.29ff.). Zur „Nachricht" im Erstdruck (s. oben Cap. I S. 3) nimmt Wolff (a.a.O. S.492) bedächtig Stellung: „Bach kann den Choral nicht ‚aus dem Stegreif' diktiert haben, weil er bereits vorher existiert hatte, offenbar schon einige Zeit. Dennoch muß die Aussage einen wahren Kern enthalten." - (Die Anwendung von „BWV 668a" durch Wolff und Klaus Hofmann - Cembalo-Ausgabe 1998; S.96 – stimmt, wie mir scheint, nicht überein!).

Die Verwandtschaft zwischen BWV 668 (im Erstdruck) und der Handschrift BWV „668a" wirkt aber viel enger als die Beziehung zwischen BWV 641 und dem Musikstück BWV 668 und seiner Umformung zu 668a, weil beide Überarbeitungen die gleiche Zahl von 45 Takten aufweisen (641 dagegen hat nur 9 Takte) und der „Choral" im Erstdruck hat (im Vergleich mit dem Orgelbüchlein) eine stark vereinfachte Sopranmelodie, die in der Handschrift nicht verändert ist, so dass man sagen kann, BWV 668 und 668a sind dasselbe Stück, das in der Handschrift nur in vier Takten minimal verbessert worden ist (Takt 5 im Tenor, T.9 und 10 im Bass und T.26 im Alt; - nur 15 einzelne Noten sind verändert!). Dazu ist auch die Textangabe in der Überschrift ausgewechselt worden. Für „Wenn wir in höchsten Noethen sein" (Erstdruck) steht in der Handschrift: „Vor deinen Thron tret ich hiermit". (Vgl. Nbsp. Nr.11, oben S.49.).

Die oben (S.52) ausgesprochene Vermutung, dass dem Gesamtwerk „Die Kunst der Fuge" ein Subtext von Choralzeilen, die in Fugenmelodien umgewandelt worden sind, zugrunde liegt, macht es wahrscheinlich, dass die zuletzt genannte Choralstrophe zu einem - dramatischen! - Text der von Bach beabsichtigten Wirkung des Werkes entspricht. - Christoph Wolff (aaO. S. 491 in „Das Ende") spricht die Vermutung aus, dass Bach erst in den letzten Lebenstagen (nach dem 20. Juli 1750) den von Justus Gesenius (im Jahr 1646) geschaffenen Textanfang, der ihm plötzlich eingefallen sei, über das Korrektur-Blatt schreiben ließ. Der Aufruf zur Demut vor Gott (vgl. Micha 6 vs.8) ist für Bach die Botschaft, auf welche sein Fugenwerk und auch seine ganze Lebensarbeit hinzielt. Auch die Bruchstelle in der Fuga a 3 Soggetti ist eine Demonstration gegen hochmütigen Leichtsinn, den sich der Komponist der h-Moll-Messe selber verbietet. In Bachs geheimnisvoller Botschaft zeigt er die enge Verbundenheit zwischen seinem Selbstbewusstsein und einer ihn durchdringenden Bescheidenheit. - Der Plan für einen solchen Schluss muss wohl früh gefasst worden sein, etwa um 1740, und noch vor der Arbeit am musikalischen Opfer.

Insgesamt ist Bachs großes Fugenwerk ein raffiniert aufgebautes Rätsel, das dem Musikfreund, der es zu lösen sucht, viel über den Sinn des menschlichen Lebens in den Formen kirchlicher Musiktraditionen andeuten und vermitteln kann.

Notenbeispiel Nr. 12: BWV Nr. 641 Der Choral im Orgel-Büchlein (Ed. Peters 244) Seite 55 Nr. 51 (Autograph Nr. XLII; Februar 1928 bearb. v. Karl Straube). Die doppelte Basslinie zeigt, dass Bach an eine Orgel mit Pedal als Instrument gedacht hat. —(Vier Linien mit vier Notenschlüsseln nahm Bach für das Cembalo).

56

3. Die enge Verbindung zwischen wichtigen Gesängen der katholischen Messe und dem Bachschen Fugenwerk kann am besten durch Notenbeispiele gezeigt werden (Vgl. oben S. 49f.)

Die beiden Fugen über "Kyrie eleison" in der h-Moll-Messe (Nr. 1 und 3) enthalten chromatische Melodien, die sie mit dem dritten Thema der Fuga a tre Soggetti verwandt erscheinen lassen. Mit den ersten vier Tönen ist noch nicht festgelegt, in welche Tonart sich das zuerst mit b beginnende Thema entwickeln wird. Erst mit dem Ton h wird die Überleitung zum Schlusston d eröffnet und die melismatische Tonfolge "-cis-d-cis-h-cis-d" ist sehr gut dafür geeignet, dass darauf das Wort "ele-i-son" gesungen wird. -Vor die 1. Fuge der Messe stellt Bach in vier Takten eine fast Homophone, fünfstimmige Chorfassung von Kyrie eleison (mit Orchesterbegleitung), die dem ganzen Werk seine feierliche Stimmung aufprägt. Es sind also vier Fassungen des Fugenthemas zu vergleichen. (1.Eingang zu Nr. 1; 2.Chorfuge in Nr.1 von T. 30f. ab; (Fortsetzg. Nbsp. Nr.14): Messe Nr. 3 T.1-6, und 4. Tripelfuge aus der "Kunst der Fuge").

Notenbeispiel Nr. 13: Kyriethemen aus der h-Moll-Messe Nr.1:

Largo ed un poco piano zu Nr.1
(T. 5-29: instrumentales Vorspiel zur Chorfuge)

Drei der Fugen in Messe und Kunst der Fuge werden zusätzlich durch eine gesangliche Schlußformel zusammengehalten, die in Stück XXIII zweimal vorkommt, nämlich in den Takten 190-193 als Abschluss des T. 114 beginnenden

Fugenteiles, dessen Thema *"nicht umgekehret"* wurde. Es ist zu vermuten, dass Bach dafür einen Grund wusste, der im Text zu einer Choralmelodie bestehen könnte. Es könnte ein Klagelied sein über ein Lebenselend, das irdisch ist und für welches in Gottes Himmel keine Entsprechung zu erwarten wäre. Ein Schluß auf *"Herr erbarme dich!"* könnte zu dem Thema passen. - So treffen hier wieder einige Linien zusammen, die uns ermutigt haben, eine kontrapunktische Aufgabe in der mit dem Takt 239 beginnenden Notentextlücke zu vermuten (vgl. oben die Notenbeispiele Nr. 3 und 5; S. 7 und 12; dazu auch die Erörterungen S. 5-11).

Notenbeispiel Nr. 14; (Fortsetzung von Nr. 13 auf S. 57): Messe Nr. 3 und Kunst der Fuge Nr. XXIII:

Nr. 3 Alla breve (gestrafftes Thema in fis-Moll)

Kunst der Fuge XXIII; Takt 194-198 Tenor und Alt

Die Quellen für den Notentext der "Kunst der Fuge" werden gegen Ende des ganzen Zyklus (XXIII f.) problematischer und verlieren an Deutlichkeit, wie dies an der letzten Handschrift-Seite in tragischer Weise erkennbar wird (vgl. oben S. 28 das Notenbeispiel Nr. 7). Mit der Bemerkung: "Über dieser Fuge, wo der Nahme Bach im Contrasubjekt angebracht worden, ist der Verfasser gestorben" hat wahrscheinlich Carl Ph. Em. Bach das Blatt ergänzt. Der Erstdruck wurde im Takt 233 mit dem A-Dur-Akkord von drei Stimmen abgeschlossen. Das letzte Blatt der Handschrift blieb lange Zeit nur stilles Archivmaterial. So war der Anstoß zum Begriff *Torso* für das Fugenwerk gegeben.

Der Choral (XXIV) steht im Erstdruck am Schluss des Zyklus, und die vor ihm gebliebene Lücke in der Bezeugung durch Quellenschriften ist verzettelt worden auf weit voneinander entfernte Archive, deren Betreuung nicht mit Sicherheit in kundigen Händen lag. Erst in der jahrzehntelangen Arbeit der Musikforschung der letzten zwei Jahrhunderte konnten viele Zusammenhänge im Riesenwerk des Komponisten geklärt werden. Sie mussten auch chronologisch geordnet und mit den Ereignissen in seinem Leben verbunden werden, - soweit es eben möglich war bei dem lückenhaften Zustande der schriftlichen Quellen; (wie Briefwechsel und etwa gedruckte Programme von Aufführungen).

Die Lücke in der Fuga a 3 Soggetti ist in den heute gedruckten Werkausgaben kürzer geworden: die Takte 233-239 sind in den Cembalo-Ausgaben wieder gedruckt worden nach der Handschrift P 200. – Offen bleibt nur die Frage, ob Bach noch lange Entwicklungen der Fuge fortführen wollte; oder ob er eine ganz andere Absicht hatte. Eine (kurze) Überleitung zur Choralfuge (XXIV) hat meines Wissens in dem Ende der Fuge, die unfertig zu sein scheint, noch niemand gesucht oder erwartet. Im Erstdruck sind nach dem A-Dur-Schluss (T.233) auch die besonders schönen Takte 233-238 weggelassen worden; also die Kombination von den drei wichtigsten *„Subjekten"* des ganzen Satzes. Viel Scharfsinn wurde schon aufgewendet, um zu beweisen, dass Bach als *viertes Thema* das Hauptthema des *Contrapunctus 1* auch noch in seine Kombination habe einbauen wollen. Doch die Sopranstimme beginnt (T.233) mit der nach oben gewendeten 7/8-Melodie aus den Takten 189-191, auf welche man Kyri'eleison singen kann. Sie gehören zur g-Moll-Überleitung, auf die (T.193ff.) die Notenreihe *b-a-c'-h...* folgen soll. Dass eine ähnliche Überleitung nach G-Dur die ‚vorletzte' Fuge mit der letzten (Choral)-Fuge verbinden sollte, entspricht Bachs Stil. Doch dass er dann eine Lücke von ungefähr 3+1/2 Takten offen lässt, verweist auf eine Gewohnheit in Bachs späten Lebensjahren, seiner musikgelehrten Umgebung Rätsel aufzugeben, - oft sogar ohne zu sagen, dass es Rätsel sind. - Der Rätselkanon auf dem Gemälde weist darauf hin, dass Bach selbstironisch sein konnte, und dass seine Ironie oft auch Mitmenschen treffen sollte. - Bachs Wesenskern war wohl seine Bescheidenheit, verbunden mit einem berechtigten Stolz auf seine solide Beherrschung des Handwerks. Doch Stolz darf nicht in einen lächerlichen Hochmut umkippen! Daran wollte Bach seine Freunde, und doch wohl noch unmittelbarer auch sich selbst erinnern.

Die Schlussformeln der beiden Kyrie eleison-Fugen der h-Moll-Messe sind als Notenbeispiel Nr. 15 (unten S.60) zusammengestellt; angeschlossen ist der Schluss der *dreithemigen Fuge* (XXIII) mit den vier rekonstruierten, zum Choral (XXIV, in G-Dur) überleitenden Takten. - Das Notenbeispiel Nr.16 soll noch einmal veranschaulichen, wie gut die Bitte *„Kyrie-eleison"* sich zum Notensatz singen lässt. Von Takt 189 an wird bis zum Schluss des Werkes nur noch diese Bitte gesungen, - falls man sich auch die Fuge für das Cembalo als einen Chorsatz für vier Stimmen vorstellt; (die einzige Ausnahme beginnt im Takt 234).

Notenbeispiel Nr. 15; drei ähnliche Schlussformeln von Kyrie-Fugen (vgl.S.61):
Messe h-Moll Nr. 1   und   Nr. 3:

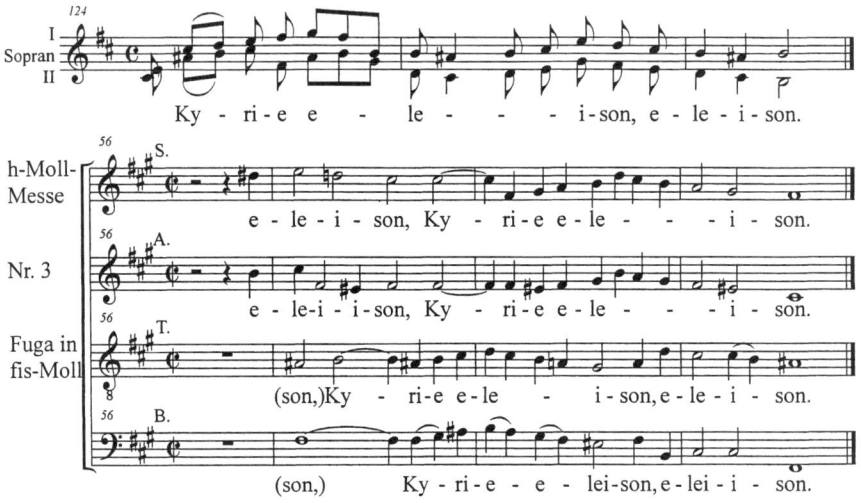

Kunst der Fuge Nr. XXIII

4. Besonders gründlich sind die Besinnungen von Malcolm Boyd über Bach und seine „Kunst der Fuge" im Buch „J.S. Bach - Leben und Werk" (Ungekürzte Ausgabe Sept.1992 bei dtv, München; Titel der englischen Originalausgabe 1983: „The Master Musicians - Bach"). M. Boyd bespricht das Werk (S.269-279) genau und weist auf die Probleme der Überlieferung und des Kompositionsganges

während der zum Tode führenden Krankheit hin. Bescheiden kommt Boyd zu der resignierenden Feststellung (S.278) „Die Kunst der Fuge ist heute besser bekannt, als sie es vor hundert Jahren für Spittas Zeitgenossen war. Daraus folgt aber nicht, daß wir sie inzwischen wesentlich besser verstehen könnten." Eine schon lange vor Boyd oft wiederholte Feststellung zum Schlusschoral BWV 668(a) gibt Boyd wie eine gesicherte Feststellung der Werkanalyse (auf S.270) wieder: „Vor allem dieses Schlußstück ist in der ‚Kunst der Fuge' völlig fehl am Platze, weil der gesamte übrige Zyklus von einem einzigen Thema her aufgebaut ist und insgesamt in d-moll steht, der Choral dagegen in G-Dur." – Aus der oft wiederholten Behauptung ist inzwischen fast ein *Dogma der Musik-Wissenschaft* geworden, das jedoch nicht zwingend zu überzeugen vermag. In den letzten 12 Jahren (seit 1989) habe ich mich (manchmal fast verzweifelt) über Wege zu Bachs Grundplan-Konzeption besonnen. Hilfreich erwiesen sich dabei vor allem die „Bach-Studien" von Friedrich Smend (s. oben S.45 und S.1f.).

Notenbeispiel Nr.16: Die Takte 189-197 der Tripelfuge sind eine Schlüsselstelle.

Die Rekonstruktion des Notentextes in der Lücke vor dem Choral (nach Takt 239) stützt sich auf die Überleitung zum dritten Fugenthema (*b-a-c'-h*) nach den Regeln des doppelten Kontrapunktes (vgl. oben das Notenbeispiel Nr.15 auf S. 60, dazu auch die Notenbeispiele Nr.5 und 7 (auf S.18-20 und S.28) mit der

Abbildung von Bachs Originalhandschrift des abgebrochenen Fugenschlusses, der zugleich auch eine Überleitung zu dem in G-Dur stehenden Choralvers hätte werden können.

Unsere Besinnung über die Kunst der Fuge von Johann Sebastian Bach sollte mit einem fertiggestellten und gewiss von Bachs Hand und seinem Geiste geschaffenen Stück seiner Komposition abgeschlossen werden. Das mehrdeutige Spiel mit der Buchstabenfolge des Familiennamens, der von einer Tradition frommer und schöpferischer Musiker getragen wird, hat mit dem Geheimnis der Person des zugleich stolzen und demütigen Gottsuchers und Komponisten zu tun. Zwei Choraltexte mit dem Blick auf das Lebensende und zwei griechische Wörter für die Bitte um Göttliches Erbarmen bündeln sich, so wie es scheint, in dem filigranen Wunderwerk der Tonkunst.

Nachtrag (im Dezember 2003):
In einer Sammlung von Chorälen im vierstimmigen Satz von Bach (für Cembalo oder Orgel) aus dem sehr umfangreichen Kantatenwerk, das teilweise verloren ist, findet sich eine Fassung des Choraltextes mit einer fremden Melodie:

(Die Titelseite des bei Breitkopf & Härtel in Wiesbaden ohne Jahr und Verfasserangabe erschienenen Notenbandes lautet: *„Johann Sebastian Bach*: 371 Vierstimmige Choralgesänge – Für Klavier oder Orgel oder Harmonium". Eine „Vorbemerkung" auf der Rückseite der Titelseite nennt die *„ursprünglichen Ausgaben (1765-1787)"* als Quelle der Sammlung).

Verzeichnisse:

Literatur   65

Benützte Notentexte   66

Register   69

Literatur :

Malcolm Boyd „Johann Sebastian Bach – Leben und Werk" 1992 München & Kassel (englische Originalausgabe „The Master Musicians – Bach" 1983 London & Melbourne).
Reinhold Brinkmann (Hrsg.) „Bericht über das Bachfest-Symposium 1978 der Philipps-Universität Marburg" 1981 Neue Bachgesellschaft (Sitz Leipzig).
George Buelow und Joachim Marx „New Mattheson Studies" 1983 Cambridge;- (hier benützt ist daraus:)
Gregory G.Butler „Johannes Mattheson as a stimulus to Bach's late fugal writing" 1983 Cambridge (hrsg. Durch George Buelow etc. S. 293-305).
Pieter Dirksen „Studien zur Kunst der Fuge von Johann Sebastian Bach" 1994 Wilhelmshaven.
Johann Nicolaus Forkel (1749-1818) „Über Johann Sebastian Bachs Leben, Kunst und Kunstwerke. Für patriotische Verehrer echter musikalischer Kunst" – 1802 Leipzig.
Walter Kolneder „Die Kunst der Fuge – Mythen des 20sten Jahrhunderts" - (4 Bde. Im tb-Format, S. 1 – 1052) 1977 Wilhelmshaven.
Werner Neumann „Bach – eine Bildbiographie" 1960 München.
Friedrich Wilhelm Marpurg (1718-1795) „Abhandlung von der Fuge" 1753
Johannes Mattheson (1681-1764) „Der vollkommene Capellmeister" 1739 Hamburg (verlegt bei Christian Herold; Nachdruck 1954 Kassel; Bärenreiter).
Derselbe: „Der vollkommene Capellmeister – Studienausgabe im Neusatz des Textes und der Noten" hrsg. von Friederike Ramm, Kassel 1999
Derselbe: „Matthesons Philologisches Tresespiel" 1752 Hamburg (bey Johann Adolph Martini). - Nachdruck 1975 Leipzig (Zentralantiquariat der DDR) & Kassel; (Bärenreiter).
Lorenz Christoph Mizler (1711-1778) „Musikalische Bibliothek, Dritter Band" 1752 Leipzig (Der Band besteht aus vier Teilen, welche Titelblätter aus den Jahren 1746 Theil I und auch II, 1747 Theil III und 1752 Theil IV enthalten. Der Erste Theil des vierten Bandes trägt ein Titelblatt „Leipzig im Jahr 1754" und umfasst nur 182 Druckseiten, welchen noch 3 Seiten mit Notenbeispielen folgen; auf der letzten Seite Bachs Rätselkanon aus dem Portrait von 1746). Ein Nachdruck des Gesamtwerks erschien 1966 in Hilversum (bei Frits Knuf).
Werner Neumann „Bach – eine Bildbiographie" 1960 München (Kindler-Verl.)
Christoph Rueger „Johann Sebastian Bach – Wie im Himmel so auf Erden" - Taschenbuch (Erstausgabe) 2000 München (Heyne Sachbuch 19/ 718).
Peter Schleuning „Johann Sebastian Bachs ‚Kunst der Fuge' – Ideologien – Entstehung – Analyse" 1993 München & Kassel (Bärenreiter; dtv 4585).

Hans Joachim Schulze „Über die ‚unvermeidlichen Lücken' in Bachs Lebensbeschreibung" (s. oben R. Brinkmann 1981 „Bachfest Marburg 1978" den Beitrag S.32-42) besonders S.39-42.
Hans Joachim Schulze „Johann Sebastian Bach – Leben und Werk (dtv. Dokumente 2946)" 1975 (3.Aufl. 1985) München & Kassel (Bärenreiter). - Das Taschenbuch bietet eine Auswahl aus den Bänden „Bach-Dokumente" BD I-III, ed.: Bach Archiv Leipzig unter Leitung von Werner Neumann als Supplement zur NBA sämtlicher Bach-Werke. (Hans Joachim Schulze hat an den 3 Bänden BD mitgearbeitet; heute ist er Leiter des Bach-Archivs in Leipzig und Herausgeber des Bach Jahrbuches).
„Friedrich Smend – Bach-Studien" - Gesammelte Reden und Aufsätze; hrsg. von Christoph Wolff 1969 Kassel (Bärenreiter).
Christoph Wolff „Der Stile Antico in der Musik Johann Sebastian Bachs – Studien zu Bachs Spätwerk" 1968 Wiesbaden.
Derselbe: „Johann Sebastian Bach The Learned Musician" 2000 NY & London; (deutsche Ausgabe): "Johann Sebastian Bach" 2000 Frankfurt/ M. (S. Fischer).
Derselbe: Hrsg. von Friedrich Smend: „Bach-Studien" (s. oben).

Benützte Notentexte

Primäre Quellen (faksimiliert) : Johann Sebastian Bach „Die Kunst der Fuge" BWV 1080 Autograph – Originaldruck (1751/52) Faksimile-Ausgabe C.1979 Leipzig VEB deutscher Verlag für Musik 1979 (Vertrieb durch Schott Mainz, London, New York, Tokyo; hrsg. Hans Gunter Hoke).

Studienpartituren : 1. Johann Sebastian Bachs Werke „Die Kunst der Fuge" BWV 1080 (Hrsg. Wolfgang Graeser) 1924 Leipzig; Veröffentlichungen der Neuen Bachgesellschaft Jahrgang XXVIII,1 (spätere Ausgaben VEB Breitkopf & Härtel o. J.) - Nach dem Vorwort von „W.G."(sic) ist seine Studienpartitur textlich identisch mit der kritischen Ausgabe, als Jahrgang 47 der GA der Werke Bachs erschienen (1897).

2. Bärenreiter Studienpartituren TP 26: J.S. Bach „Die Kunst der Fuge" BWV 1080 Nach der Handschrift und dem Erstdruck hrsg. von Hermann Diener (Aufführungspraxis 1929-1954; hrsg. Charlotte Hampe Berlin-Zehlendorf 1956); Bärenreiter Kassel Basel London New York (ohne Jahr). Frau Charlotte

Hampe hat das Orchester von Hermann Diener (nach Kolnd. S. 806) noch bis 1971 weiter geleitet und ist, wie Hermann Diener in der Liste von Aufführungen (seit 1929/ 30 bis 1952) sehr häufig genannt.

3. Bärenreiter Urtext: „Die Kunst der Fuge für Cembalo" BWV 1080 hrsg. von Klaus Hofmann (C. 1998 Kassel; Urtext der NBA) mit gutem Vorwort und mit Anhangsteil von S. 81 bis S. 123. Die Anhänge sind untergeteilt in Anhang I: Die sicher oder wahrscheinlich gegen die Absicht Bachs in den Originaldruck aufgenommenen Stücke Nr. 14, 19 und 21 (= BWV 1080/ 10a, 18 und 21) und Anhang II: Aufführungspraktische Ergänzungen zu Nr. 12, 13 bzw.19 und 20 des Originaldrucks (im Erstdruck Nr. 12 und XIII, Fugen XXII und XXI (im Erstdruck S. 55 und S. 59) die zweiteiligen Spiegelfugen für jeweils 2 Cembali - oder 2 Klaviere – bilden bei Hofmann Anhang II/ Nr. 1 und 2, zu welchen als Nr. 3 „Schluß der fragmentarischen Fuge" (Nr. 20) eine „Ergänzung von David Schulenberg" (S. 122f.) hinzukommt. - Es ist zu erkennen, dass Klaus Hofmann umsichtig und mit Sorgfalt eine gute Ausgabe von Bachs Werk erarbeitet hat, in welcher Stücke, die Bachs Absichten vielleicht nicht entsprochen hätten, nicht einfach ausgeschieden sind, sondern in den beiden Anhängen den Spielern angeboten bleiben. Der „Choral" (im Erstdruck Nr. XXIV) ist als Anhang I/ 3 (bei Hofmann S. 96f.) abgedruckt, wie er im Erstdruck steht, - und ohne die kleinen Veränderungen aus dem Blatt in der Leipziger Choralhandschrift.

4. J.S. Bach „Orgel Band V" Edition Peters Nr. 244 hrsg. Februar 1928 von D. Dr. Karl Straube. - Die Ausgabe folgt einer früheren Sammlung von Chorälen aus dem Jahre 1846, deren „Vorrede" von F.(riedrich) K.(Conrad) Griepenkerl sen. unterzeichnet ist. Die Choräle aus Bachs „Orgelbüchlein" sind in der alphabetischen Anordnung von Ferdinand Roitzsch (S. 1-59) abgedruckt. - Der Satz des Orgelchorals „Wenn wir in höchsten Nöten sein" (BWV 641) ist oben (S.56) als Notenbeispiel Nr. 12 in den Aufsatz aufgenommen.

5. Bach „Messe / Mass" h-Moll - si-mineur - b minor; Ernst Eulenburg, Ltd. London – Zürich – Mainz – New York No 959 (Imprimé en Suisse, ohne Jahr); Vorwort von Fritz Volbach.

6. Joh. Seb. Bach : „Messe in h-Moll" BWV 232; Klavierauszug von Gustav Rösler, Edition Peters; Leipzig (ohne Jahr), Printed in the German Democratic Republic; (Mit Nachwort von Hermann Keller Stuttgart 1956).

7. Für Bachs Frömmigkeit ist die Kantate (BWV) 125 „Mit Fried und Freud ich fahr dahin" lehrreich. Der Eingangschor auf die erste Strophe des von Martin Luther geschaffenen Chorals über Erlösungshoffnung und Todesbereitschaft des überzeugten Christenmenschen ist strukturell mit dem Choral (XXIV) eng

verwandt. Der Sopran singt jede einzelne Verszeile in punktierten halben und ganzen Noten sehr langsam, während die tieferen Stimmen (A.T.B.) im Zwölf-Achtel-Takt den Zeilentext vier- bis fünfmal im dreistimmigen polyphonen Satz als Begleitung singen. - Die zweite Liedstrophe singt der Bass des vierstimmigen Chores, während die Pausen zwischen den Verszeilen durch ein Rezitativ (Nr.3) eines Bass-Solisten ausgefüllt werden. Die dritte Strophe ist umgedichtet und auf eine Alt-Arie (Nr.2), ein Duett von Bass und Tenor (Nr.4) und ein Rezitativ für Alt (Nr.5) verteilt. Den Schluss der Kantate bildet ein Choral (Nr.6), in welchem Bach die etwas holpernden Verse des Luther-Textes in jeder Partie des Chores so geschickt ausgleicht, als ob es gar nicht anders sein dürfte. (Klavier-Auszug Edition Breitkopf; ohne Jahr; Wiesbaden – Leipzig – Paris; 7125).

8, Ein gleichartiger Klavierauszug der Ed. Breitkopf 7211 enthält die Kaffee-Kantate; BWV 211. - In der Person des „Herrn Schlendrian", der mit seiner Tochter „Lieschen" über deren Sucht nach „Coffee" hadert, begegnet uns wahrscheinlich der selbstironische Vater Bach persönlich - in der unvorteilhaften Zeichnung eines wütenden und starrköpfigen alten Rechthabers, der sein ebenfalls eigenwilliges Töchterchen mit autoritären Einschränkungen aller Freiheits-Spielräume bedroht. Nur wenn Lieschen das Kaffeetrinken unterlasse, werde der Vater ihr einen Ehemann und das Hochzeitsfest genehmigen. Im Rezitativ (Nr.7) sagt Lieschen: „Nun! Coffee, bleib' nur immer liegen! Herr Vater, hört, ich trinke keinen nicht." - Darauf Schlendrian: „So sollst du endlich einen kriegen." - Nach Lieschens Arie (Nr.8) berichtet der Tenor, dass der alte Schlendrian für die Tochter jetzt einen Mann sucht; „doch Lieschen streuet heimlich aus: kein Freier komme mir ins Haus, er hab' es mir denn selbst versprochen / und rück' es auch der Ehestiftung ein, dass mit erlaubt solle sein, den Coffee, wann ich will, zu kochen. Dann singen die drei Darsteller zusammen: „Die Katze lässt das Mausen nicht ...." (Coro Nr.10). - Im Ärger über Johann Adolph Scheibe, über den Freiberger Rektor Johann Gottlieb Biedermann und J. Mattheson hat sich Bach ähnlich wie Schlendrian verhalten.

Register

Altnikol, Johann Christoph (1719-1759)	3; 4
André, Johann Anton (n.Smend, Rätselkanon)	1; 3
Apel, Willi (1929; zu Erstdruck Nr. XXIV)	31
Augenkrankheit	3; 4
Avertissiments (hrsg. Thomas Wilhelmi 1992)	15ff.
Bach, Carl Philipp Emanuel (1714-1788)	8; 15; 17; 41 - 43
Bach, Johann Christian (1735-1782)	8
Bach, Johann Sebastian (1685-1750, "Schlendrian"; "Coffee" BWV 211; BWV 125)	8; 32; 41; 51; 53f; 58; 68.
Bachgesellschaft (1878; gegründet 1850)	13
Bach-Ausgabe (BA; neue: NBA)	13f.
Barchai, Rudolf (Moskau 1961) Aufführung	31
Baumgartner, R Zürich (1951) Aufführung	31
Beethoven, L. v. (1770-1827) Geschenk von Nägeli	9; 29
Berg, Alban (1928 Brief)	24
Bibelzitate: Mt 7,7f. = Lk.11,9f.; Micha 6 vs. 8 Mk 8,19ff. Symbol-Zahlen) 1.Petr. 3,9; Ps.137	35; 40; 46; 52; 55
Biedermann, Joh. Christian (Freiberg, Rektor)	32 (zu Birnbaum); 68
Birnbaum, Joh. Abraham (1702-1748)	32 (zu Scheibe)
Bitsch, Marcel (1967 Hypothesen z.Tripelfuge)	34
Blume, Friedrich (MGG Bd.1 und 8 zu Bach und zu Joh. Matthesons „Sarkasmus" Spalte 1813)	5; 13; 42
Bornefeld, Helmut (1974/75 zu "Schlusschoral")	31
Bode (vgl.Burney)	42
Bousset, Wilhelm ("Himmelsreise der Seele")	52
Boyd, Malcolm (dtv 30323) „Bach – Leben & Werk"; München 1992;(engl. Lond.1983)2000	61; 65
Brinkmann, Reinhold (Hg „Bachfest Marburg. 1978")	41; 65
Buelow, George (Ed. "Mattheson-Studies")	39; 65
Burney (übt Kritik an Mattheson)	42
Butler, Gregory G. (Aufsatz; Cambridge 1983)	39; 47; 65
Cäcilia (Zeitschrift; Bd.24/ 1844)	6; 9
Cannabich (Bach Dokumente III/ 804)	8
„Canon triplex a sei Voci" (=Rätselkanon)	1; 3; 46; 53

"Choral" (Erstdruck XXIV = BWV 668)	4; 7; 10; 13; 15f.; 34; 42-45; 47f.; 53ff; 59; 61
Choral-Fuge; oder -Strophe	45; 47; 59
"Contrapunctus a 4" (Erstdruck Nr 6)	25ff.
Cramer, C. F. (Bdok III/ 973)	8
Czerny, Carl (Clav.-Ausgabe 1838 S. 23)	13; 15; 40
David, Hans Theodor (1902-1967)	30
Dehn, Siegfried Wilhelm (1844)	6f; 9; 25(b) 40; 48
Diener, Hermann (Hrsg. TP 26)	18f; 49f; 66
„Dilettantismus" (zu BJ 1924 Hrsg. W. Graeser)	23
Dirksen; Pieter (s. Lit. S. 65)	9; 6; 9ff; 39; 44- 47; 51; 65
Doppelter Kontrapunkt (bei Mattheson)	7; 11
Doppelthema der Kunst der Fuge	IX; 21; 34f.; 38 (Nbsp); 53
Dux & Comes	34
Einstein, Albert (Briefwechsel mit W. Graeser)	21
Erstdruck (1751;1752; Faksimile G. Hoke 1975)	XI; 10; 24; 26; 65
Festlandsperre (1807) Kopenhagen beschossen	41
Forkel, Johann Nikolaus (1749-1818)	3f; 9; 13-16 ; 65
„Fragment x"	5
Fuge, vorletzte und letzte	3ff; 9; 14; 17; 21
Fughetten (in XXIV)	IX; 17
Fux, Johann Joseph (1660-1741)	34
Gesamtaufbau der Kunst der Fuge	31
GA (= Gesamtausgabe der Bach-Ges.1878)	13
Gesenius, Iustus (1601-1673; Liederdichter)	4; 33; 54f.
Graeser, Hanna (Schwägerin von Wolfgang Gr.)	24
Graeser, Wolfgang (1907-13. Juni 1982)	13; 21-24; 29; 31; 40; 66
Graupner, Christoph (1683-1760)	32
Griepenkerl, Friedrich Conrad (s. Kolnd. S. 503)	67
Hampe, Charlotte (hrsg. Hermann Diener 1965)	49f; 66
Händel, Georg Friedrich (1685-1759)	40
Hasse, Karl	39f.
Hartmann (Kopenhagen ?)	41
Hauptmann, Moritz (1792-1868; seit 1842 in Leipzig als Thomaskantor)	13; 21; 40
Hauptthema der Kunst der Fuge	1; 21; 29; 34f; 51; 38; 40

Haußmann, Elias (Maler des Bach-Portraits)	XIII; 1; 5; 46; 48 (Abb.)
„Himmelssaal" in Bachs Vorstellungswelt	36
Hofmann, Klaus (Hg. von BWV 1080 für Clav.)	XII f; 7; 16; 55; 67
Hoke, Hans Gunter (Hg. der Faksimile Ausgabe)	12 (Abb.); 40; 43; 46; 65
„In Stylo Francese" (Titel des Cp.6 in Erstdruck)	26ff; 43
Karajan, Herbert v.	30
Keller, Hermann (Nachwort Stgt. 1956 zu BWV 232) Messe h-Moll, Klav.-auszg (Lpzg. O.J.).	67
Kirchenlied-Texte (im Vorwort)	IX; 3; 33; 36
Kittel, Johann Christian (1750)	41
Kleiber, Erich (Berliner Dirigent; 1928)	22 (Kolnd. zitiert Kritik)
Klose, Olaf („Dänemark"-Kunstf.); Kopenhagen	41; 65
Kobayashi, Yoshitake	55
Kolneder, Walter („Mythen des 20. Jhdrts")	XI ff; 1; 4f; 13f; 17f; 21-24; 29f. 35; 45; 51; 65
Kopenhagen (s. oben „Klose" S.106f.; 114f.)	41
Kupferstichplatten (Arbeit der Stecher)	44
„Kyrie eleison"	44; 57-62 (mit Nbspp; 13-16)
Lang, Oskar (Aufsatz 1929 über Graesers Wert)	30
Leipziger Choralhandschrift (P 271 SSB)	54
Leonhardt, Wolfgang (zu Nr. XXIII, Takt 239)	5
Lessing, G. E. (in Berlin um 1751)	15
„Luther und Bach" (bei Friedrich Smend)	45
Marpurg, Friedrich Wilhelm (1718-1793)	1; 3f; 13f; 29; 43
Marx, Joachim (Hg. „Mattheson-Studien")	39
Mattheson, Johannes (1681-1764)	5; 16; 25(a); 32-35; 37-40; 42f; 47f; 51; 53; 65
Messe in h-Moll (BWV 232; Dirksen; Noten)	9; 57-60
Mizler, Lorenz Christoph (1711-1778)	1; 4; 53; 65
Molière, Jean Baptiste (1620-1673)	35
„Motus contrarius" (umgekehrte Melodie)	16
Mozart, W.A. (1756-1791) "Dramma giocoso"	35
Münchinger, Karl (Auffűhrung Stuttgart 1946)	31
Musikal. Opfer (BWV 1079; Kanon Nr. 9f.)	1

„Nachricht" (1751, in frühen Exemplaren des Erstdrucks)	1; 3f; 14; 43f; 55
Nägeli, Hans Georg (K. d. Fuge; Ausgabe 1802)	9; 13ff; 15
Neumann, Werner (Bildbiographie; T.239)	28; 65f.
Nekrolog (bei Mizler; erschien 1754)	3; 14; 16f; 44; 65
Newton, Sir Isaac 1643-1727; nach Schubart	32
Nicolai, Philipp (1556-1599; Autor von: „Wie schön leuchtet der Morgenstern")	33; 40
Notenrätsel (vgl. oben S. VIII, Gruppe 1)	9; 51
Nottebohm, Gustav (1817-1882)	21; 29
Nummerierung der Exempla	XI ff. 5; 15; 30
Oley, Johann Christoph (1763 löst Rätsel)	46
Orgelbüchlein; hrsg. von K. Straube (BWV 641)	33; 54; 56; 67
Palestrina, Giovanni Pierluigi da (1525-1594)	32; 34
Pillney, Ka. Orch. S. Rögner	31
Pizarro, David (Organist NY; 1968 in Brief)	29f.
Poelchau, Georg (Notensammler & Händler)	9
Puccini, Giacomo (Tosca)	35
Ramin, Günter, Thomaskantor (bei Rueger)	51
"Rätselkanon" (BWV 1076)	1; 16; 46; 59
Reihungen, willkürliche (Moritz Hauptmann)	21; 24
Reinken, Johann Adam (1623-1722 Hamburg)	32
Riemann, Hugo (Um 1894 Analysen d. K. d .F.)	5; 14; 21
Rögner, Heinz, GMD	31
Röhm-Putsch (München 1934)	24
Roitzsch, Ferdinand (Vgl. Griepenkerl)	67
Rueger,Christoph (Bachbuch; Heyne-Verl.2000)	51; 65
Rust, Wilhelm (hat um 1868 auf GA und Bach-Gesellschaft viel Einfluss genommen)	13f.
Scherchen, Hermann (Aufführungen 1928)	30
Scheibe, Johann. Adolph (1708-1766)	32; 68
Schleuning, Peter (Autor dtv 4585; s. Lit.)	1; 65
„Schluss-Choral" (Erstdruck XXIV)	10; 13ff; 31; 45; 49f.
„Schluss-Fuge" (Erstdruck XXIII)	10; 21; 29; 51
Schluss-Stück (Fuge oder Choral?)	14; 16f.
Schmid, Willi (Musikkritiker München 1928)	22; 24
Schmieder, Wolfgang (hrsg. „BWV" 1950; 90)	XI

Schopenhauer, Arthur (Zwischentext)	36
Schubart, Christoph Friedrich Daniel (1775)	8 (Bach- Dok. III/ 804) 32
Schuh, Dr. Willi (1929 über Wg. Graeser)	23
Schulze, Hans Joachim (BDok dtv 2946; Kittel)	8; 41
Schumann, Robert (1837 Abschrift: K.d.Fuge)	13
Schwebsch, Erich (Auffg. Linz 1934, *mit* XXIV)	31
Schweitzer, Albert (zum Doppelthema)	14; 21; 34f.
Smend, Friedrich („Bach-Studien" Kassel 1969 hrsg. von Christoph Wolff.)	XIII; 1; 6; 45; 51; 61; 66
Sonnenaufgang	35
Spengler,Oswald (Briefwechsel mit W. Graeser)	21
Spitta, Philipp (1841-1894 Bachbiograph)	14; 21; 29; 61
„Sterbe-Choral" (Nr. XXIV)	51
„Stile antico-Thema" (in Fuge Nr. XXIII)	17; 32; 66 (vgl. Lit. zu Wolff)
Straube, Karl (Instrumtierg. Graeser; BWV. 641)	21; 23; 56; 67
Subskriptionsaufruf (1. Juni 1751)	15
Symbolzahlen (sieben & zwölf)	35; 44
Teatro Colon (Buenos Aires 1958; H.Scherchen)	30
Tell, Werner (1957, Aufsatz: "Symbolzahlen")	35
Telemann, Georg Philipp (1681-1767)	39
„Tintenfraß" (am Autograph XXIII, T.233-239)	28
„Torso" (vgl. Fr. Blume; MGG Bd.1 „Bach")	5; 9; 11; 13; 58
Tosca (Oper)	35
Tripelfuge (= Nr. XXIII; vgl. M. Bitch)	5; 31; 34f; 45; 58 & 60f.
"Unterrichtswerk" (Bezeichng. für K. der Fuge)	5f.
Venus (Planet)	35
Vetter, Walter (1938)	23
Vogt (Paris, um 1800; Hrsg. einer Partitur)	13; 31
„Vom Himmel hoch" (BWV 769)	45
„Vorbericht" (von Marpurg im Erstdruck seit 1752)	1; 3f.; 14; 43
„Vor deinen Thron tret ich hiermit" etc.	4; 41; 49f.
Weisbach, Hans (Instrumentierungsberatung)	21
Wendling (erwähnt bei C.F.D. Schubart)	8
Wengert, Karl F. (1975 in "Heilbronner Stimme"; Kolnd. S. 646).	31
„Wenn wir in hoechsten Noethen" etc.	4; 38

„Wie schön leuchtet der Morgenstern" etc.	38; 43
Wilhelmi, Thomas (Hrsg. der "Avertissements")	15f; 43
Wolff, Christoph (Hrsg. "Reden u. Aufsätze von Friedrich Smend") Kassel 1969 (Bärenreiter)	XIII; 32; 45f; 51; 53ff; 66
Wolff, Christoph „Bach" Frankfurt/M. 2000 (Lebensbeschreibung)	32; 51; 53ff; 66
Derselbe (Wolff): "Der stile antico in der Musik J.S. Bachs" - Studien zu Bachs Spätwerk" (32) Wiesbaden 1968	
Wolfrum, Philipp (1854-1919; zu „Torso")	5
Wohltemperiertes Clavier (= WTC I & II)	44
Zacher, Gerd (Aufsatz in M(usik) K(onzepte)	27
Zurlinden, Hans (1935 W.Graeser-Gedenkbuch)	22

QUELLEN UND STUDIEN ZUR MUSIKGESCHICHTE
VON DER ANTIKE BIS IN DIE GEGENWART

herausgegeben von Michael von Albrecht

Band 1 Musik in Antike und Neuzeit. Unter Mitwirkung zahlreicher Fachgelehrter herausgegeben von Michael von Albrecht und Werner Schubert. 1987.

Band 2 Georg von Albrecht: Gesamtausgabe, Band 1: Sämtliche Klavierwerke, nach den Handschriften erstmals vollständig herausgegeben von Michael von Albrecht. 1984.

Band 3 Georg von Albrecht: Vom Volkslied zur Zwölftontechnik. Schriften und Erinnerungen eines Musikers zwischen Ost und West, herausgegeben von Michael von Albrecht. 1984.

Band 4 Michael von Albrecht: Goethe und das Volkslied. 2. Auflage, mit einer Bibliographie von Werner Schubert. 1985.

Band 5 Hermann Schäfer: Lieder und Gesänge für eine Singstimme und Klavier. 1985.

Band 6 Georg von Albrecht: Gesamtausgabe, Band 2: Lieder, nach den Handschriften erstmals vollständig herausgegeben von Michael von Albrecht. 1986.

Band 7 Wenzel Hübner: 21000 Orgeln aus aller Welt 1945 - 1985. 1986.

Band 8 Georg von Albrecht: Gesamtausgabe, Band 6: Streichquartette und Streichtrio, mit einem Facsimile von op. 52. Nach den Handschriften erstmals herausgegeben von Michael von Albrecht. 1986.

Band 9 Wilfried Neumaier: Was ist ein Tonsystem? Eine historisch-systematische Theorie der abendländischen Tonsysteme, gegründet auf die antiken Theoretiker Aristoxenos, Eukleides und Ptolemaios, dargestellt mit Mitteln der modernen Algebra. 1986.

Band 10 Georg von Albrecht: Gesamtausgabe, Band 3: Chorwerke und größere Vokalwerke mit einem Facsimile des 'Liedes der Lieder'. Nach den Handschriften herausgegeben von Werner Schubert. 1988.

Band 11 Georg von Albrecht: Gesamtausgabe, Band 4: Kammermusik für Streicher und Klavier: Werke für Violine und Klavier, Violoncello und Klavier, Viola und Klavier, Klaviertrio. Nach den Handschriften herausgegeben von Christiane von Albrecht. 1987.

Band 12 Georg von Albrecht: Gesamtausgabe, Band 5: Solostücke für Violine, Violin-Duette, Solostücke für Violoncello. Nach den Handschriften erstmals herausgegeben von Michael von Albrecht. 1987.

Band 13 Gerhard Frommel: Tradition und Originalität. Schriften und Vorträge zur Musik. Unter Mitwirkung von Wolfgang Osthoff herausgegeben von Michael von Albrecht. 1987.

Band 14 Georg von Albrecht: Gesamtausgabe, Band 7: Orchesterwerke, herausgegeben von Michael von Albrecht. 1991.

Band 15 Georg von Albrecht: Gesamtausgabe, Band 8: Bühnenwerke, erstmals herausgegeben von Michael von Albrecht. 1991.

Band 16 Georg von Albrecht: Gesamtausgabe, Band 9: Orgelwerke, nach den Handschriften erstmals herausgegeben von Wolfgang Dallmann. 1987.

Band 17 Egert Pöhlmann: Beiträge zur antiken und neueren Musikgeschichte. 1988.

Band 18 Rudolf Walter: Johann Caspar Ferdinand Fischer, Hofkapellmeister der Markgrafen von Baden. 1990.

Band 19 Jean-Bernard Condat (Ed.): Nombre d'Or et Musique. Goldener Schnitt und Musik. Golden Section and Music. 1988.

Band 20 Susanne Johns: Das szenische Liederspiel zwischen 1800 und 1830. Ein Beitrag zur Berliner Theatergeschichte. 1988.

Band 21 Werner Thomas: Schubert-Studien. 1990.

Band 22 Paul Buck: Richard Wagners Meistersinger. Eine Führung durch das Werk. 1990.

Band 23 Michael von Albrecht/Werner Schubert (Hrsg.): Musik und Dichtung. Neue Forschungsbeiträge, Viktor Pöschl zum 80. Geburtstag gewidmet, herausgegeben von Michael von Albrecht und Werner Schubert. 1990.

Band 24 Dirk Schneider: Choral-Buch für evangelische Kirchen. Die Entstehungsgeschichte und Konzeption des ersten in und für Westfalen erarbeiteten Choralbuchs 1829. 1990.

Band 25 Karl Michael Komma: Klanggebilde – Bildanklänge. Aufsätze und Reden. 1991.

Band 26 Günther Wille: Schriften zur Geschichte der antiken Musik. Mit einer Bibliographie zur antiken Musik 1957-1987. Durchgesehen von Christine Walde. 1997.

Band 27 Günter Wolter: Dmitri Schostakowitsch – Eine sowjetische Tragödie. Rezeptionsgeschichte. 1991.

Band 28 Walter Leib: Von Glocken, Klängen und Tonsystemen. Herausgegeben von Alwine Leib-Lang 1991.

Band 29 Alexander Schwab: Georg von Albrecht (1891-1976). Studien zum Leben und Schaffen des Komponisten. 1991.

Band 30 Wolfgang Dallmann: Johann Nepomuk David – Das Choralwerk für Orgel. Versuch einer hinführenden Analyse. 1993.

Band 31 Christiano Pesavento: Musik von Béla Bartók als pädagogisches Programm. 1994.

Band 32 Clemens Goldberg: Die Chansons von Antoine Busnois. Die Ästhetik der höfischen Chansons. 1994.

Band 33 Christopher Grafschmidt: Boris Blachers Variable Metrik und ihre Ableitungen. Voraussetzungen – Ausprägungen – Folgen. 1996.

Band 34 Klauspeter Bungert: César Franck – die Musik und das Denken. Das Gesamtwerk, neubetrachtet für Hörer, Wissenschaftler und ausübende Musiker. Mit einer allgemeinen Erörterung zum Ineinandergreifen von Form und klingendem Satz. 1996.

Band 35 Karl-Hermann Schlage: Geistliche Chormusik im Mannheimer Musikleben des 19. Jahrhunderts (1800-1918). 1997.

Band 36 Clemens Goldberg: Das Chansonnier Laborde. Studien zur Intertextualität einer Liederhandschrift des 15. Jahrhunderts. 1997.

Band 37 Jürgen Hunkemöller: Boris Blacher, der Jazz-Komponist. 1998.

Band 38 Stefan Hagel: Modulation in altgriechischer Musik. Antike Melodien im Licht antiker Musiktheorie. 2000.

Band 39 Wolfgang Eckle: Versuch einer Deutung von Johann Sebastian Bachs Werk *Die Kunst der Fuge*. Die Fugenthemen als verfremdete Melodien von Chorälen. 2004.

Band 40 Julie Ra: Rückblick und Erneuerung. Bachs Fuge in Klaviermusik von Reger, Busoni und Hindemith. 2003.

Band 41 Annedoris Baumann: Madrigal und Chanson auf Tasteninstrumenten. Poetisch-musikalische Bearbeitungen von Peter Philips. 2003.

Richard Teuber

Die Bach-Rezeption im frühen Instrumentalwerk Paul Hindemiths

Frankfurt/M., Berlin, Bern, Bruxelles, New York, Oxford, Wien, 2001. X, 162 S., zahlr. Graf.
Europäische Hochschulschriften: Reihe 36, Musikwissenschaft. Bd. 207
ISBN 3-631-36204-8 · br. € 33.20*

Paul Hindemith gehört aufgrund seiner Universalität zweifellos zu den außergewöhnlichen, kompositions- wie musikgeschichtlich bedeutsamen Komponisten des 20. Jahrhunderts. Hineingeboren in eine von Auflösungserscheinungen des romantischen Stils geprägte Welt, beginnt er am Anfang der 1920er Jahre, sich intensiver mit Johann Sebastian Bach zu beschäftigen. Untersucht wird, wie sich das Verhältnis Hindemiths zu Bach in den Jahren nach 1920 gestaltet. Der Kopfsatz aus der Zweitfassung der *Sonate für Violoncello und Klavier* op. 11 Nr. 3 zählt zu jenen Werken, die Hindemiths kompositorische Stilwende einleiten und galt zu Anfang der 1920er Jahre als eine der möglichen Lösungen für eine Neue Musik. An den Beispielen von Solosonate, Klaviermusik, Streichquartett, Streichtrio, Solokonzert und Konzertmusik wird der Einfluß der Musik Johann Sebastian Bachs auf das frühe Instrumentalwerk Paul Hindemiths herausgearbeitet.

Aus dem Inhalt: Hindemith und die Tradition der Bach-Rezeption · Hindemiths Frühwerk · Werkreihe, Gattung und Einzelwerke in den Instrumentalkompositionen Hindemiths (Ein Vergleich mit J. S. Bach) · Sing- und Spielmusik (Hindemith und die Jugendmusikbewegung) · Die Zweitfassung der *Sonate für Violoncello und Klavier* op. 11 Nr. 3 · Die Passacaglien in den *Solosonaten für Bratsche* op. 11 Nr. 5 und op. 31 Nr. 4 · Klaviermusik (Op. 37 Erster und Zweiter Teil) · Kammermusik (Op. 32 und Op. 34) · Solokonzert (Op. 36 Nr. 1 und Nr. 4) · Concerto grosso (Op. 38)

Frankfurt/M · Berlin · Bern · Bruxelles · New York · Oxford · Wien
Auslieferung: Verlag Peter Lang AG
Jupiterstr. 15, CH-3000 Bern 15
Telefax (004131) 9402131

*inklusive der in Deutschland gültigen Mehrwertsteuer
Preisänderungen vorbehalten
Homepage http://www.peterlang.de